결혼에 관한 가장 솔직한 검색

결혼에 관한 가장 솔직한 검색

우애령 에세이

하늘재

『결혼에 관한 가장 솔직한 검색』에 부쳐

인간관계의 수수께끼 가운데 으뜸을 차지하는 것 중 하나가 바로 결혼일 것이다. 이렇게 인구에 자주 회자되면서도 명료한 해답이 나오지 않는 문제는 유사 이래 별로 없으리라 싶다.

베풀어주겠다는 마음으로 결혼하면, 길 가는 사람 아무하고나 결혼해도 문제가 없다고 성철 스님은 이야기한다. 일리 있는 말이지만, 스님이 결혼해보았다면 그런 입장을 철회하지 않았을까 하는 의구심이 살짝 드는 것도 사실이다.

어째서 한때 사랑했다고 믿었던 사람과 좋은 관계를 지속하는 일이 이토록 어려울까. 결혼하고 나서 서로 잘 맞는 부부가 될 수 있는 사람을 미리 알아보는 비결이라도 따로 있는 것일까.

행복한 결혼에 관한 질문과 해설은 갖가지 분야에서 차고 넘친다. 그러나 그 대답들이 실제로 결혼생활에 활용될 수 있는지, 부부가 함께 사랑의 나무를 키워나가는 꿈을 이루도록 도와주는 정답이 과연 있기는 한지, 우리는 모두 궁금하다.

차례

『결혼에 관한 가장 솔직한 검색』에 부쳐 _4

❶ 결혼하기 전에 따져봐야 할 것들에 관한 검색

011_ 결혼, 과연 해야만 하는 것일까
015_ 인간과 신의 결혼
020_ 아테나 여신의 후예들에게
023_ 오만과 편견 속 다섯 가지 결혼
028_ 결혼을 결심하기 전에 해볼 세 가지 질문
033_ 사랑을 점검하는 세 가지 키워드
037_ 결혼의 길, 성취의 길
041_ 서로의 생각을 읽을 줄 아는 남자와 여자
045_ 배우자의 자유로운 영혼과 기꺼이 함께하기

❷ 사랑과 결혼에 관한 몇 가지 검색

051_ 로미오와 줄리엣을 위하여
057_ 완전한 사랑이라는 꿈
061_ 따뜻한 배우자가 있는 사람은 결코 외롭지 않다
065_ 이 역할은 맡지 않겠어요
069_ 시크릿 가든의 비밀
075_ 열아홉 처녀와 결혼한 철학자
079_ 연애지상주의자들의 결혼관
084_ 결혼이 문학과 만났을 때

시키는 대로 따라 하기만 하면, 부부가 언제나 서로 이해하고 사랑할 수 있게 되는, 단 하나의 완벽한 매뉴얼이 존재할 리는 없다. 하지만 계속되는 부부 갈등에 관한 흑백논리와 경직된 태도를 일단 내려놓고, 두 사람 사이에서 일어나고 있는 일에 관해 솔직한 검색을 시도해볼 수는 있지 않을까.

    이 책은 결혼에 관해 최근에 쓴 이야기들과, '결혼은 결혼이다'에 실려 있던 아이디어를 함께 살려 구성하였다. 결혼에 관한 새로운 글을 써나가면서, 몇 년 전 풀어놓았던 결혼 이야기가 여전히 유효하다는 생각이 들었기 때문이다. 이 어려운 작업을 맡아서 정성껏 책을 만들어주신 하늘재의 조현주 대표에게 깊이 감사드린다.

    결혼한 사람들이나 결혼을 앞두고 있는 사람들, 결혼하거나 이혼하기를 망설이고 있는 사람들에게, 이 책이 올바른 판단을 내리는 데 적절한 도움을 줄 수 있기 바란다.

2011년 7월

우애령

❸ 나 자신과 배우자의 거리에 관한
검색

- 091_ 함께 서 있되 너무 가까이 서지 말라
- 098_ 결혼, 그 전과 후
- 102_ 내 바스켓에 담긴 결혼이라는 빵
- 107_ 똑같은 색으로 칠해버렸답니다
- 112_ 잠들지 못하는 공주
- 117_ 드러내기와 감추기
- 122_ 부부 싸움 해도 각방 쓰지 말라는 이유
- 126_ 남편의 감기몸살과 아내의 감기몸살
- 132_ 결혼의 초상

❹ 행복한 결혼을 위한
검색

- 139_ 내게 건강과 행복을 가져다주는 사람
- 143_ 부부 100쌍의 부부관계 유형 다섯 가지
- 148_ 친구가 필요할 때
- 153_ 까마귀의 지혜
- 158_ 내 고통만 큰 것은 아니다
- 164_ 마음의 하모니
- 169_ 불행하다고 말하기
- 175_ 마음의 문을 열기

❺ 이혼이라는 이름의
검색

183_ 우리가 이혼하고 싶을 때
187_ 이혼은 과연 만병통치약인가
193_ 내 결혼에 관한 정직한 질문 다섯 가지
199_ 내 인생의 가해자는 누구일까
202_ 누가 이 남자를 도울 것인가
205_ 대화할 것인가, 추궁할 것인가
209_ 내 마음을 비추는 거울
215_ 이혼이라는 이름의 잡지
221_ 끝나지 않은 승부
228_ 내 마음을 들어주세요

❻ 즐거운 생활의 발견을 위한
검색

233_ 여자가 더 아름다워 보일 때
238_ 스트레스여, 안녕!
244_ 가족의 웃음소리
250_ 유쾌한 상상
255_ 헤어지자고 한 이유가 도대체 뭐야?
260_ 이야기 잘 들어주는 오 마담
266_ 성교육은 몇 살까지?
272_ 내 사랑은 당신뿐이야

1
결혼하기 전에 따져봐야 할 것들에 관한 검색

결혼, 과연 해야만 하는 것일까 ♥ 인간과 신의 결혼 ♥ 아테나 여신의 후예들에게 ♥ 오만과 편견 속 다섯 가지 결혼 ♥ 결혼을 결심하기 전에 해볼 세 가지 질문 ♥ 사랑을 점검하는 세 가지 키워드 ♥ 결혼의 길, 성취의 길 ♥ 서로의 생각을 읽을 줄 아는 남자와 여자 ♥ 배우자의 자유로운 영혼과 기꺼이 함께하기

결혼, 과연 해야만 하는 것일까

불후의 명작 〈모나리자〉로 유명한 화가 레오나르도 다빈치는 잘생긴 외모와 명성에도 불구하고 평생 결혼하지 않았다. 그는 정식 결혼을 하지 않은 아버지와 어머니 사이에서 태어났다. 그 후 아버지는 끊임없이 나이 어린 처녀들과 결혼하고 줄줄이 아이를 낳았다. 그는 이런 아버지와 어린 계모들을 보면서 결혼에 대한 모든 환상과 꿈을 버렸다. "결혼한다는 것은 혹시라도 장어를 잡을까 하는 희망으로 뱀들이 가득 담긴 자루에 손을 넣는 것"이라고 말하면서…….

우리나라에서도 결혼은 인륜지대사라고 믿고, 인생에 다른 대안은 없는 것처럼 생각하던 사람들의 생각이 많이 바뀌었다. 결혼할 남녀의 팔자를 점쳐주던 사주와 궁합의 힘도 그 기세를 많이 잃었다. 꿈처럼 다가오는 운명적인 사랑과 결혼을 기대하던 젊은이들의 마음도 그 빛이 바래기 시작했다.

하지만 아직도 대부분의 사람들은 결혼을 꿈꾸고, 결행하며, 실망하고, 심지어 좌절을 경험한 후에도 다시 재혼이라는 승부수를 던져보기도 한다.

"헤어진 사랑은 추억으로 남고, 이루어진 사랑은 생활로 남는다"는 말이 두려운 사람들은, 결혼을 망설이지 않을 수 없다. 사랑이라는 정서가 느껴지지 않는 사람과 그저 호감이 가는 상태에서 결혼해야 하는가도 미혼 남녀들의 고민이다.

결혼은 매력적인 남녀가 만나 정열적인 사랑을 나누는 연애처럼 개인적인 사건이 아니다. 남자와 여자라는 도저히 어울리기 어려운 두 종류의 사람이 만나 가족을 이루는 사회적인 사건이다.

우리나라에서는 아직도 결혼하기 전에 해야 할 상견례며 혼수, 예단, 예물, 집 장만 등등의 과업이 첩첩산중처럼 놓여 있다. 게다가 양가 친척, 친지들의 거국적인 관심과 간섭은 자칫 물을 지나치게 준 화초처럼 남녀의 애정 자체를 시들게 할 수도 있다.

너무 사랑해서 언제나 그 사람과 함께 있고 싶다는 소박한 바람에 초를 치는, 이 무시무시한 사회적 압력과 맞서 싸우고 나서, 이 결혼에 돌입해서 우리가 얻는 것은 과연 무엇일까.

결혼에 대해 매섭게 반기를 들었다는 소설 '결혼은 미친 짓이다'가 한때 장안의 베스트셀러가 된 이유도, 제목이 지니는 강력한 흡인력이 내용을 압도했기 때문이 아닌가.

부모 형제를 북한 땅에 두고 자유를 찾아 월남하는 아버지를 따라 혈혈단신 떠났던 우리 어머니는, 아버지에게 서운한 마음이 들 때면 두고 온 가족들을 간절하게 그리워했다. 그리고 처녀 시절, 친척 아저씨가 프랑스로 데려가 바이올리니스트가 되게 해주겠다고 한 제안을 받아들였어야만 했다고 탄식했다.

그렇게 되었으면 정경화처럼 빛나는 삶을 살았을 텐데 저 남자를 만나 정신이 나가는 바람에 이렇게 되고 말았다는 것이, 동화 같은 이야기의 결말이다. 만약 그렇게 했으면, 지금쯤 시든 노처녀가 되어서 '아, 그때 그렇게 열렬하게 구애를 하던 잘생긴 총각과 결혼할 것을 이게 무슨 의미 없는 삶이냐.' 하고 탄식하고 계실 거라고 오빠가 이야기하면, 어머니는 그만 웃음을 터뜨리고는 했다.

"하기야 그럴지도 모르지. 너희들도 태어나지 못했을 거고……."

그 운명의 갈림길 이야기를 수도 없이 들으면서, 나도 어머니가 그때 집을 떠났으면 천재적인 바이올리니스트가 되었을지도 모른다는 생각을 해보기도 했다. 아무튼 그렇게 되었으면 내가 태어나지는 못했을 테니, 그쪽으로 가는 운명에 찬성의 한 표를 던질 도리는 물론 없었다.

그 제인은 외국에 살던 친척아지씨가 명민하고 당찬 처녀였던 어머니를 보고 그저 툭 던진 한마디였는지도 모른다. 하지만 어머니의 마음속에는 그리로 가는 길이 마음만 먹으면 갈 수도 있었던 아름다운 길로 오랫동안 남아 있었다.

첫사랑의 남자나 여자에 대한 동경도, 이런 식으로 점점 자라서 꽃을 피우고 잎을 내고 열매를 맺으면서 자신의 현실적인 결혼과 비교해보는 자료가 되어주는지도 모르겠다.

> 남녀 간의 연애와 결혼은 같은 나무에 피는 꽃이 아니다. 우리는 결혼해서도 사랑과 낭만의 꿈을 함께 지니기 바라지만, 결혼에서는 안정과 보답과 의무 이행을 바라는 남자 혹은 여자를 만나게 되는 경우가 많다.

어쨌든 세칭 웨딩 관련 사업이 블루칩으로 떠오르고 있는 마당에, 독신을 지키고 있는 청춘 남녀의 마음은 편하기도 하고 불안하기도 한 괴상한 상태로 돌입하지 않을 수 없다.

결혼하거나 하지 않거나, 어느 쪽 길로 가도 이런 문제 아니면 저런 문제와 부딪치게 되어 있다. 문제에 부딪치며 살아가는 것이 인생의 정석이기 때문이다. 문제없는 인생을 찾기는 어렵겠지만, 어떤 문제를 받아들일 것인가에 대해서는 우리가 선택할 수 있다.

결혼에 대한 다양한 논의에 단 하나의 정답이 있지는 않을 것이다. 그렇지만 결혼을 앞두고 있다면, 높은 산에 올라 그 앞에 일망무제로 펼쳐지는 초원과 구릉과 강을 바라보듯 결혼을 조망해보는 것이 좋을 것이다. 어떤 일을 결정하고 선택하기 전에, 좀 더 멀리 좀 더 자세히 바라본 다음에 결정하는 것이 최선책은 아니더라도 차선책은 될 수 있기 때문이다.

인간과 신의 결혼

결혼할 때 고려해야 할 가장 중요한 점은 과연 무엇일까. 이 문제에 대해 생각해볼 여운을 남겨주는 이야기가 그리스 신화에 등장한다. 그 발단은 이렇다.

제우스와 바다의 신 포세이돈은 둘 다 여신 테티스를 원했지만 신탁 때문에 그녀를 포기했다. 그 신탁은 테티스로부터 태어난 이들이 아버지보다 훨씬 더 강력한 존재가 되리라는 것이었다. 두 신은 그녀를 인간과 결혼시키려는 계략을 짜내었다. 테티스 자신은 어떤 결혼도 원하지 않았지만, 마침내 펠레우스라는 남자와 결혼하지 않을 수 없었다. 그녀는 새로 변하고 나무로 변하고 호랑이로 변하면서 그를 피하려고 했지만 결국 거절하지 못하고 그를 받아들이게 되었다.

펠레우스는 인간이면서도 여신과 결혼하는 '행운'을 안게 되었고, 테티스는 신이면서도 인간과 결혼하는 '불운'을 안게 되었던 것이다. 여신과 인간의 결혼은 누가 무어라고 해도 당시의 신관으로 볼 때 불평등한 결혼이었다.

015

1. 결혼하기 전에 따져봐야 할 것들에 관한 검색

테티스와 펠레우스의 결혼식은 앞으로 일어날 불행을 은폐하려는 듯 모든 신들을 초대하여 화려하고 성대하게 거행되었다.

불화의 여신인 '에리스'만 여기에 초대를 받지 못했다. 화합의 상징이 되어야 할 결혼에 불화의 여신이 초대받지 못하는 것은 너무도 당연한 일이 아닌가. 그러나 자신의 힘을 과신하고 있는 에리스에게 이것은 격분을 불러일으킬 만큼 부당한 일이었다. 그녀는 모든 이들을 불행에 빠뜨릴 계획을 세우고 황금 사과에 '가장 아름다운 여신에게'라는 글귀를 새겨 결혼식장으로 던져 넣는다.

최고 신 제우스의 아내인 헤라와 지혜의 여신 아테나, 미와 사랑의 여신 아프로디테는 그 사과가 당연히 자신의 것이라고 주장한다.

가장 아름다운 여신을 가려낼 심판은 목동 파리스가 맡게 되었다. 그는 원래 왕의 아들이었으나 트로이를 파괴시킬 운명이라는 신탁 때문에 산속에 버려졌던 인물이었다.

헤라는 먼저 파리스에게 아시아의 지배자로서 모든 부귀를 다 누리게 해주겠다는 제안을 한다. 아테나는 세상에서 가장 지혜로운 사람으로 만들어 모든 전쟁에서 승리하게 해주겠다는 약속을 한다. 고혹적인 포즈로 나타난 아프로디테는 세상에서 가장 아름다운 여자를 주겠다고 유혹한다. 파리스는 이 마지막 약속에 매혹되어 황금 사과를 아프로디테에게 건네주고 만다. 약속에 끌렸는지 아프로디테에게 끌렸는지는 상상에 맡긴다.

이 결정이 트로이 전쟁의 기폭제가 되었다. 그 당시 가장 아름다운 여성은 스파르타의 왕 메넬라오스의 아내 헬레네였다. 자신에게 접근한 파리스와 미칠 듯한 사랑에 빠져버린 헬레네는 그와 함께 트로이로 도망치고 만다. 격분한 메넬라오스는 트로이를 초토화시킬 것을 결심하고 동맹군을 모아 트로이로 진격한다.

트로이 전쟁의 대영웅 아킬레우스는 테티스와 펠레우스 사이에서 태어난 인물이다. 신과 인간의 혼혈인 아기를 불사의 몸으로 만들기 위해 테티스가 아들을 저승의 강 스틱스에 담갔는데, 이때 아킬레우스를 붙잡고 있던 발목 근처만 물에 잠기지 못해 나중에 전투에서 바로 여기에 트로이군의 살을 맞아 전사하는 비극을 겪게 된다. 인간의 결정적인 취약점을 비유하는 아킬레스건이라는 말은 이 이야기에서 비롯된다.

호메로스는 조금 다른 이야기를 전한다. 인간인 아들이 죽을 운명이 되는 것을 막기 위해 테티스가 아기 몸에 유약을 발라 불에 넣었는데, 여신의 뜻을 이해하지 못하는 펠레우스가 미친 듯이 달려와 방해하는 통에 실패하고 말았다는 것이다.

인간인 남편이 여신인 자신의 아들 양육방식을 방해하는 데 격노한 테티스는 펠레우스를 떠나 바다로 가서 돌아오지 않는다. 아들을 신으로 만들려는 것을 이해하지 못하는 쩨쩨한 남편과 실질적인 이혼을 감행한 것이다.

이 신화는 결혼에 관해 우리에게 많은 생각을 하게 한다. 신화에 나타나는 인간과 신의 결혼은 두 사람 모두에게 불행을 안겨주는 것으로 끝난다. 신은 인간을 이해하기 어렵고, 인간은 신을 이해할 수 없을 뿐 아니라 신처럼 살 수도 없기 때문이다.

우리나라의 많은 아내들도 자신의 아들이 인생이라는 전투에서 불멸의 신이 되도록 온갖 과외며 과보호 속에서 돌보고 있는 중인데, 남편들이 이것을 이해하지 못하는 경우에는 어떻게 하는 것이 좋을 것인가.

> 이것은 결혼의 불행을 호소하는 유형의 전형이다. 자신은 신인데 배우자는 하찮은 인간으로 보이거나, 자신은 인간인데 배우자는 짐승으로 보이는 것이다. 이와 반대로 자기비하에 빠져 상대방이 더 높아 보여 결혼의 끈을 놓기 시작하는 경우도 있다.

조금 멀리서 보면 결혼 상담의 요점은 아주 단순하다. 두 사람 모두 신이나 짐승이 아닌 인간에 대해 다시 배워보는 연습을 해보는 것이다. 너나 할 것 없이 약점투성이인 인간은 자신의 행복과 불행을 내면적으로 결정짓는 '마음'이라는 것을 지니고 있다. 그 마음은 배우자가 공격적일수록 더 안으로 숨는 굴속의 토끼 같은 존재이다.

> 우리가 결혼하기 전, 파리스의 입장에 서서 권력과 부귀, 지혜, 아름다움 중에서 하나만 선택해야 한다면 과연 무엇을 고를 것인가.

선뜻 정답을 내세우기는 어렵겠지만, 아름다움을 선택했던 파리스가 자신은 물론 조국인 트로이까지 멸망시키는 결과는 우리에게 시사하는 바가 적지 않다. 그렇다고 권력과 부귀, 지혜를 선택했다면 좀 더 행복한 결혼이 되리라는 확실한 보장도 없다.

현대적인 결혼에서도 유사한 갈등은 늘 일어난다. 그렇기 때문에 우리는 '출세나 재산, 학벌이나 외모 들 중에 가장 중요한 것은 무엇일까'에 대해 곰곰이 생각해봐야 한다. 물론, 그중에서 무엇을 선택해야 일생의 행복이 보장될지를 예견하는 것은 참으로 어려운 일이다.

아마도 '신과 인간'이 아닌 '인간과 인간'의 결혼에서 가장 중요한 것은 바로 그런 모든 조건들에 앞서는 순수한 사랑일 것이다. 그래야 인간이라면 누구나 아킬레스건처럼 지니고 있기 마련인 배우자의 취약점을 공격해서 쓰러뜨리지 않고, 오히려 감싸고 보호할 기반이 마련되지 않을까 싶다.

아테나 여신의 후예들에게

존경받는 그리스 여신들은 거의 대부분 처녀 신이었다. 지혜의 여신인 아테나 역시 누구하고도 결혼하지 않은 처녀 신으로 사람들의 추앙을 받았다. 매우 지적인 여성은 가부장적인 사회에서는 결혼하지 않는 게 더 적절하다는 것이 신화에도 드러나고 있는 것이다.

현대사회에서 결혼을 거부하는 지적인 여성들은 실상 아테나 여신의 후예들로, 결혼하지 않아야 자기 위치를 지킬 수 있는 운명을 타고난 것인지도 모른다.

헤라는 정숙과 신의라는 가부장적인 미덕에 얽매여 있었지만, 아프로디테는 본능적인 사랑을 주관하였기 때문에 남편이 필요하지 않은 여신이었다. 어떤 남성과도 사랑을 나눌 수 있는 매력을 지닌 아프로디테는 아이러니하게도 가장 못생긴 대장장이의 신인 헤파이스토스와 결혼하게 된다. 당연히 아프로디테가 정절을 지킬 리가 없었다.

권위와 품위를 지키는 아테나 여신은 탁월한 재능으로 사람들의 사랑을 받았다. 사냥의 여신인 아르테미스도, 가정을 지키는 헤스티아도 처녀 신으로 중요한 위치를 차지하고 있다.

그리스 신화에 나타난 여신들을 보면 현대 여성들이 결혼을 결심하기 어려운 이유가 잘 드러난다. 빼어난 아름다움을 지닌 여성과 평범한 남성의 결혼이 대체로 위태롭게 보이는 이유도 여기에 있다. 젊고 아름다운 여배우가 결혼하면 대중의 관심이 떠나는 것도, 아름다운 아프로디테가 한 남자에게 종속되는 것처럼 부당해 보여서가 아닐까.

선거철이 되면, 후보자 아내의 덕성이며 아름다움이며 지적인 능력이 동시에 평가되는 것도 당사자들에게는 만만치 않은 고역일 것이다. 여신도 다 겸비하지 못했던 미덕을 요구받기 때문이다. 대권주자 후보들의 아내가 능력이 너무 탁월하면 그것 때문에 비난을 받는다. 클린턴의 아내 힐러리가 뚜렷한 잘못이 없는데도 남편보다 탁월한 능력을 보였다는 이유로 모두들 그녀를 끌어내리고 싶어 했던 것도 여기에 연유한다.

아내에 대한 유교적이고 가부장적인 견해 중에 내면적으로는 아직까지 바뀌지 않은 점이 많다.

●

대권주자라고 불리는 사람들의 아내는 아슬아슬한 줄타기를 감행해야 한다. 넘치지도 않고 모자라지도 않는 힘과 아름다움과 지혜를 보여야 하기 때문이다.

우리나라에서는 대권 후보자들의 부인이 지나치게 뛰어나면 남편이 모자란 것이 아닌지 의심을 받는다. 발군의 미모를 지니고 있으면 어쩐지 가정이 위태로운 것으로 보며, 지성이나 학력을 높게 지니고 있으면 대체로 자기 위주의 여자일 거라고 확신한다.

그렇지만 그 반대로 아내가 위의 세 가지 중에 하나도 지니고 있지 못하면, 그런 여자를 택한 남자는 무능할 것이라는 독특한 견해도 동시에 피력하고 있는 판이다. 아무튼 대권에 도전하여 현대의 신이 되고 싶은 남자들의 운명도 만만하거나 평탄치는 못하다.

이 줄다리기에서 현명하게 살아남은 아내는 오디세우스의 아내 페넬로페이다. 그녀는 현모양처의 전형으로 힘도 아름다움도 지혜도 안으로 감춘 채 구혼자들을 물리치려고 낮에는 베를 짜고 밤에는 베를 풀며 20여 년 동안 독수공방을 했다. 그녀는 현명하고 정숙한 여인의 귀감이었으며 어린 아들을 훌륭한 청년으로 키워냈다. 너무 오랜 세월 동안 고독과 고통을 겪었지만 결국 나이 들어 방랑을 끝내고 돌아온 남편과 재결합하게 된다.

그녀의 부덕은 시와 노래로 칭송받고 있다. 수많은 남성들의 아내 판타지가 그녀에 이르러서 꽃피고 있다.

그러나 결혼한 아내의 귀감으로 알려진 그녀에게 우리는 한 가지 질문을 던져볼 수 있다.

"당신은 과연 행복했는가?"

오만과 편견 속 다섯 가지 결혼

제인 오스틴의 소설 《오만과 편견》에는 다양한 결혼의 모습이 등장한다. 이 작품의 주 무대는 롱본이라는 시골에 살고 있는 평범한 딸 부잣집 베넷가이다. 이 집안을 중심으로 벌어지는 결혼의 모습들은 매우 흥미롭다.

고전적인 결혼, 그리고 낭만적인 연애결혼

여주인공 엘리자베스의 언니 제인의 결혼은 가장 고전적인 무난한 결혼에 가깝다. 호감 가는 용모의 부유한 청년 빙리와 진실한 마음씨를 지닌 미모의 제인은 비교적 순조롭게 사랑에 기반을 둔 결혼을 하게 된다.

쾌활하고 분별 있는 여주인공 엘리자베스와 주인공 다아시 사이에는 격렬한 감정의 기복이 오고 간다. 다아시의 오만해 보이는 행동을 보고 첫눈에 거부감을 느꼈던 엘리자베스의 편견이 차츰 무너지고, 진정한 사랑을 찾게 되어 두 사람은 결혼한다. 이 이야기는 문학적으로 나무랄 데 없는 구성으로 이루어져 있다. 스토리가 영상으로 시각화하기에 매우 적절하기 때문인지, 잊을 만하면 또다시 영화나 드라마로 만들어지고 있다.

필요에 의해 유지되는 결혼

이 소설에는 주인공 남녀의 낭만적인 사랑 이야기 말고도 상당히 흥미를 끄는 세 결혼이 등장한다. 그 하나는 엘리자베스의 아버지와 어머니의 결혼이다. 어떤 각도에서 바라봐도 전혀 맞지 않는 남자와 여자가 결혼한 것이다. 아버지는 젊음과 아름다움과 상냥함에 미혹되어, 이해심 없고 속 좁은 여자와 결혼하는 바람에 결혼 초기에 아내에 대한 진정한 애정을 잃어버렸다. 존경과 신뢰는 사라지고 행복한 가정에 대한 기대는 모두 빗나가버렸다.

지적이고 과묵한 아버지는 세속적이고 무지한 어머니의 어리석음을 빈정거리지만, 딸 다섯을 낳아 키우면서 그런대로 잘 지내왔다. 아버지는 아내에게서 얻을 수 없는 부분을 포기하고 현명한 사람답게 책과 시골생활 안에서 즐거움을 찾는다. 어머니는 어머니대로 동네 사람들과 오가며 수다를 떨면서 소일한다. 오랜 세월이 지나 두 사람 사이에는 일정한 생활 방식이 생겨나 그대로 굳어져버린 것이다.

덜 떨어진 친척 콜린스의 구혼을 거절하는 딸 엘리자베스에게 노발대발하는 어머니는, 그 남자의 청혼을 받아들이지 않으면 다시는 자기를 볼 생각을 하지 말라고 위협한다. 그래도 고집을 꺾지 않는 딸 때문에 마음이 상한 어머니는 남편에게 도움을 청하지만, 그는 딸에게 이렇게 말한다.

"어차피 넌 어떻게 결정해도 부모 중 한 사람은 보지 못하게 되겠구나. 그 남자와 결혼하지 않으면 어머니가 너를 안 볼 것이고, 그 남자와 결혼하면 내가 너를 안 볼 것이니까."

유머 감각도 있고 엘리자베스와 정서적으로 대단히 친밀한 아버지이지만, 남편으로서 아내를 사랑하지 않는 그는 대부분의 시간을 서재에 틀어박혀 지낸다. 극단적으로 불행해 보이지는 않지만, 그 남자와 여자의 마음속에는 무엇이 들어 있을지 궁금증을 유발하게 하는 결혼이다.

일상적인 삶에 대한 필요와 배우자에 대한 성실함이 있는 결혼

'과연 결혼이란 무엇인가'에 대한 생각을 다시 해보게 만드는 등장인물은, 경제적으로는 안정되었지만 존경하기 어려운 목사 콜린스와 결혼을 결심하는 엘리자베스의 친구 샬롯이다.

자신이 집에 짐이 되고 있다고 느끼며, 자기에게는 사랑이 사치라고 실토하는 샬롯은 목사와 결혼해서 집을 떠난다.

'나 혼자 내 생활을 가질 수도 있고 내 방도 있어. 그리고 내가 필요한 곳에 있게 되어서 아주 편안하고 좋아.' 이렇게 생각하는 샬롯은 최선을 다해 남편을 보살피고 가사를 돌본다. 속물근성이 강한데다가 때때로 상황판단이 잘 서지 않는 남편 콜린스도 아내를 자랑스럽게 생각하기 시작한다. 두 사람의 결혼은 자신을 필요로 하는 곳에서 자기만의 집을 갖고 싶은 여자와, 성실하고 남편을 섬길 줄 아는 아내가 필요한 남자가 서로 원하는 바를 충족시키면서 다른 문제들을 덮는다.

과연 두 사람의 결혼은, 낭만적이지도 않고 뛰어나게 머리가 좋지도 않은 실패자들의 불행한 결혼이었을까. 그렇게 보이지는 않는다. 일상적인 삶에 대한 필요와 배우자에 대한 성실함이 두 사람의 결혼의 동기를 넘어 원만한 결혼으로 이끌어준다.

물론, 샬롯의 마음에 자라날 수 있는 정서적인 불만이 결혼에 불행을 가져오지 않을까 우려할 수도 있다. 그러나 자신이 원하는 것을 얻게 된 샬롯은 원하지 않는 부분도 지혜롭게 받아들인다.

처음에 두 사람의 소식을 듣고 경악했던 엘리자베스도 그녀의 집을 방문하면서 친구가 자신이 걱정했던 것처럼 불행한 것은 아니라는 생각을 한다.

유희처럼 시작한 나쁜 결혼

가장 바람직하지 않은 결혼은 미숙한 막내 딸 리디아와 진실하지 않고 무책임한 위컴의 결혼이다. 두 사람은 깊은 사랑의 감정도, 상황에 대한 심사숙고도 없이 아이들의 유희처럼 그냥 함께 도주해버린다. 그리고 가족과 주위 사람들에게 말할 수 없는 고통과 민폐를 끼치고 겨우 형식적인 결혼의 형태를 유지하면서도 일말의 부끄러움이 없다.

이 다섯 가지 결혼의 묘사를 보고 있으면, 제인 오스틴의 시대를 뛰어넘는 혜안에 경탄을 금할 수 없다.

'과연 내 결혼은 어디에 속하는 것일까.'

이렇게 스스로에게 물어본다면 각자의 답은 다 다르겠지만, 자신의 결혼을 객관적으로 바라볼 기회가 되지는 않을까 싶다.

한 가지 흥미 있는 사실은, 낭만적인 사랑을 예찬하고 행복한 결혼에 대한 끊임없는 탐색을 소설 속에서 보여주었던 작가 제인 오스틴 자신은 평생 결혼하지 않았다는 점이다.

결혼을 결심하기 전에 해볼 세 가지 질문

● ● ●

결혼을 결심하기 어려울 때 자신을 되돌아보는 간단한 방법이 있다. 자신의 '소망'과 '능력'과 '당위'를 살펴보는 것이 그것이다. 이 세 가지는 결혼을 결심하기 전에 상당히 간명한 지표 노릇을 해준다.

살아가면서 어떤 일에 너무 큰 해결책을 써 버릇하면 문제를 더 크게 덧들여놓을 수 있다.

"아니, 자기가 뭔데 그런 소리를 하는 거야. 나 당장 사표 낼 거야."

상사가 한마디했다고 즉시 사표를 낸다든가,

"그런 여자하고 어떻게 이웃에서 살아. 난 이런 데서 못살아."

옆집 여자하고 싸웠다고 즉각적으로 집을 부동산에 내어놓는다든가,

"이러고 살 거면 우리 당장 이혼하자고……."

부부 싸움을 했다고 당장 이혼을 들고 나오는 경우이다.

살아가면서 사소한 일에 너무 큰 대책을 세우면, 작은 문제는 일

단 해결될지 모르지만 만만치 않은 부작용들을 떠안게 된다. 이런 충동적인 결정을 피하기 위해, 결혼처럼 중요한 일을 마주할 때는 심사숙고할 시간을 가져보는 것이 좋다.

전에 컴퓨터에서 기초적인 도움말을 찾아보다가 재미있는 질문을 보았다.

"이메일을 보냈는데 후회가 됩니다. 취소할 방법은 없습니까?"

대답은 간단했다.

"같은 종류의 이메일이 아니면 보낸 이메일을 취소할 수 없습니다. 제일 좋은 방법은 보내기 전에 많이 생각해보는 것입니다."

이 단순한 말에 인생의 진리가 담겨 있다.

우체통에 편지를 넣으러 다니던 시절에는, 밤에 격한 감정을 털어놓았더라도 마음이 가라앉은 아침에 다시 읽어보고 보내지 않기도 했다.

컴퓨터 세대는 인간관계를 진행시키는 속도가 너무 빠르다. 예진처럼 편지를 보내놓고 지금쯤 상대방이 받았을까, 무슨 생각을 하면서 읽고 있을까, 이렇게 상상하고 그리워하고 부끄러워할 수 있는 여백이 적다. 생각이 떠오르자마자 즉각 전할 수 있고 또 즉각 답을 받아볼 수가 있다. 결정도 빠르고 행동도 빠르다.

하지만 빠른 결정을 내리기 전에 자신의 심리적인 상태를 정확히 이해할 필요가 있다.

자신의 심리 상태를 알아볼 수 있는 가장 쉬운 방법은 스스로 기분을 헤아려보는 것이다. '지금 얼마나 기분이 좋은가', 혹은 '지금 얼마나 행복한가'라는 질문을 자신에게 던져보는 것이다. 만약 화가 나 있거나 우울하거나 어쩐지 불편하다면, 소망이나 능력이나 당위라는 세 가지 기준의 어디엔가 빈틈이 생기고 있는 것이다.

> 결혼을 결심하기 어려운 갈등 상황에 부딪쳤다면, 다음과 같은 세 가지 질문을 나 자신에게 던져보자. '나는 이 결혼을 진심으로 원하는가.' 그 다음은 '과연 내가 결혼이라는 과제를 잘 수행할 능력이 있는가.' 마지막으로 '이 결혼이 과연 내가 해야만 하는 결혼인가.' 하는 것이다.

가장 바람직한 것은, 내가 이 결혼을 진심으로 원하는 경우이다. 그리고 결혼생활을 성심껏 처리할 심신의 능력이 있고, 결혼에 대해 주위의 지지도 받는 경우이다. 가장 문제가 되는 것은 결혼을 원하는 것도 아니고, 여러 가지로 능력도 부치며, 결혼이 의미 있다는 생각도 들지 않고, 주위의 지지도 없을 경우이다.

소망과 능력과 당위 중에 어느 한 가지가 부족하다고 해서 전혀 길이 없는 것은 아니다.

우선 당사자가 전혀 원하지 않는데 결혼하게 되는 경우는 드물다. 옛날처럼 신파가 기세를 올릴 때는 오빠의 출세를 위해서, 혹은 아버지의 사업 회복을 위해서 전혀 원하지 않는 사람하고 결혼했다고 울부짖는 순정파 여성들이 꽤 많았다.

하기야 그런 오빠나 아버지하고 사는 것보다는 다른 데 시집가서 새로운 운명을 개척해보는 게 차라리 더 나을지도 모른다. 하지만 자기는 절대로 원하지 않았는데 누구 때문에 결혼했다는 것은 현대인들이 별로 믿어주기 힘든 이야기이다.

만약 능력이 부친다고 느껴질 때는 결혼에 관한 자신의 계획을 조금 낮추는 연습을 해보는 것이 좋다. 아파트를 얻을 돈이 없으면 작은 방을 우선 얻도록 하고, 결혼식 비용이 모자라면 무료로 결혼식을 해주는 곳을 찾아볼 기회도 있다. 체면을 지키며 폼만 잡고 있는 사이에 노랫말처럼 사랑이 저 멀리 떠나가버릴지도 모른다.

당위에서 부딪히는 문제들은 다양하다. 나이 차이, 학벌의 차이, 집안 배경의 차이, 과거의 문제, 심신의 약점 등등 한두 가지가 아니다. 이런 일들은 전통적인 사회에서는 뛰어넘을 수 없는 장벽이었지만, 현대 젊은이들에게는 별로 큰 문제가 되지 않을 수도 있다. 그러나 좀 더 보수적인 견해를 지닌 가족 구성원들이나 사회의 편견과 부닞혀 싸워야 하는 경우가 생긴다.

일례로 궁합이 나쁘다고 나왔을 때 어떤 결정을 내려야 하는 경우를 생각해보자. 두 사람이 서로 결혼하기를 원하고 결혼할 수 있는 심신의 능력이 있다면, 궁합은 사실 그렇게 큰 변수가 되지 않을 것이다. 두 사람의 소망과 결심이 아주 확고하다면 궁합에 대해 거의 신앙심을 보이는 연장자를 잘 설득해볼 수도 있다.

미신이 단단한 마음을 훼손하기는 어렵다. 흔들리는 마음이 미신이 발호할 기회를 주는 것이다. 원래 흉가도 기가 센 사람이 장악하면 복 많은 집으로 변한다고 하지 않는가.

완벽주의자나 이상주의자들이 결혼을 결심할 때 겪는 어려움은 너무 높은 기준을 자신과 상대방에게 부여하는 데서 파생되기도 한다. 완벽한 상황을 만들려고 지나친 긴장을 하는 것 자체가 오히려 문제의 요인이 될 수도 있기 때문이다.

사랑을 점검하는 세 가지 키워드

"사랑이 무어냐고 물으신다면 눈물의 씨앗이라고 말하겠어요."

이 노래 가사는 흘러간 유행가의 한 구절이지만, 사랑의 본질에 접근한 부분도 있다. 우리가 누군가를 깊이 사랑한다면 울지 않을 수 없는 것이다.

"별꼴이야. 좋은데 왜 울어."

이렇게 말하면서 비싼 발렌타인 초콜릿이나 화이트데이 사탕을 사러 달려가는 청소년은 아직 사랑이 아닌 놀이의 단계에 있다고, 감히 말할 수 있다.

끊임없이 일어나는 마약사범과 범죄에 골머리를 앓던 미국 정부는 많은 청소년 비행자들이 결손 가정에서 자라났다는 것을 알게 되었다. 결손 가정은 대체로 부모의 이혼에서 비롯된 경우가 많았고, 이혼은 말할 것도 없이 결혼한 후 생긴 일이었다.

결혼은 어째서 이루어졌는가? 눈에 콩깍지가 씌어서 그랬다는 것이 가장 심리학적인 정답에 가까울지 모르지만, 서구 문화권에서는 특별한 경우가 아니면 대개 '사랑한다고 믿기 때문에 결혼하는 것'이 사실이다.

그렇다면 여기서부터 몇 가지 가능성을 추리해볼 수 있다. 그 하나는 사랑이라고 생각했었는데 사랑이 아니었다는 경우이다. 다른 하나는 사랑했었는데 결혼하고 사랑이 식어버린 경우이다. 다른 하나는 더 강렬한 사랑의 정서를 불러일으키는 다른 이성을 만난 경우이다. 사랑 같은 것 없이도 살아갈 수 있다면서, 황산벌의 계백장군처럼 씩씩하게 달려 나갔다가 결혼의 전사를 경험하는 경우도 있다.

> 결혼하기 전에 우리가 심사숙고해야 할 것은, '나는 배우자가 될 사람을 사랑하고 있는가.' 하는 점이다. 극도로 고양된 정서인 사랑을 이성으로 파악한다는 것은 불가능할지 모르지만, 조금 이성적이 되어보려고 노력할 필요는 있다. 연애는 올림퍼스 산의 구름 위에 올라가서 해도 되지만, 신이 아닌 인간의 숙명을 타고난 이상 결혼은 일단 현실이라는 땅 위에 내려와서 해야 하기 때문이다.

스턴버그라는 학자는 자신의 사랑을 점검해보기 위한 '사랑의 삼각형'이라는 이론을 제안하고 있다. 사랑의 삼각형의 세 가지 요소는 친밀함과 열정과 약속이다.

'친밀함'은 가까운 느낌, 연결되는 느낌, 좋은 관계를 말하고 이 범위 내에서 본질적인 고양, 사랑하는 관계의 따뜻함을 느끼는 것이다.

열정은 상대방의 매력에 빠져 두 사람의 로맨틱한 관계 속에서만 사랑의 경험을 하게 되는 것이다.

'약속'이란 단기간으로 본다면 누군가를 사랑한다고 표시하는 것이고, 장기간으로는 서로 사랑을 지키겠다고 약속하는 것이다.

미혼이건 기혼이건 간에 자신의 사랑을 이 삼각형에 따라 분류해 보면, 자신이 어떤 사랑을 하고 있는지 떠오를 것이다.

'사랑 없음'은 세 요소 모두 없고 대부분 일상적인 관계로만 이루어져 있다. 회사에서 무덤덤하게 지내는 이성 동료의 경우가 여기 해당된다.

'좋아함'은 가까움과 유대감, 따뜻함을 느끼지만 강렬한 열정이나 약속은 없는 상태이다. 학교의 이성 동급생에게 느낄 수 있는 정도의 심정이다.

'반함'은 첫눈에 반한다고 표현할 수도 있다. 친밀감이나 약속 없이 격렬한 열정에 사로잡힌다. 로미오와 줄리엣의 사랑이다.

'공허한 사랑'은 친밀감과 사랑 없이 어떤 형태의 약속으로 이루어진 관계이다. 정략결혼이나 조건만 따진 결혼이 여기에 속한다.

'낭만적인 사랑'은 친밀감과 열정이 함께 일어나는 우정과 매력의 결합이라고 볼 수 있지만, 반드시 결혼으로 이어지는 것은 아니다. 사랑하니까 헤어진다는 대사를 나오게 한 근원이다.

'친구 같은 사랑'은 친밀감과 약속이 사랑을 구성하고 있어 인생의 동반자적 사랑이라고 불린다. 들끓는 열정은 없지만 친구처럼 이루어진 결혼이다. 열정을 불러일으키는 다른 이성이 나타나면 위기에 봉착할 수도 있다.

'실체가 없는 사랑'은 열정과 약속은 있지만 친밀감은 없는 사랑으로 폭풍 같은 할리우드식 사랑이다. 배우들이 공연장에서 만난 상대역과 쉽게 사랑에 빠져 결혼하는 경우도 여기 속한다.

'완전한 사랑'이야말로 이 세 가지 요소가 충분히 들어 있는 사랑을 말한다. 짧은 시간에 이런 목표에 도달하는 경우는 많지만, 유지하는 일이 쉽지는 않다. 낭만적인 소설이나 영화들은 대체로 이런 완전한 사랑을 추구해서 우리의 심금을 울린다.

●

'연애결혼이 좋으냐 중매결혼이 좋으냐.' 하는 것은 성적인 대화의 출구가 없었던 오래전 젊은이들의 논쟁거리였고, '남녀 간에 순순한 우정이 과연 가능한가.' 하는 것도 격론을 벌이게 하는 주제였다. 아마 그런 논쟁에 사랑의 삼각형 이론을 대입시켜 보면, 의외로 간결한 해답이 나올 수 있을 것이다.

연애한다고 주위 삼백 리를 다 떠들썩하게 하고 결혼하고 나서 파경에 이르는 부부를 보고 당혹스러울 때가 있다. 그와 반대로 위태로워 보이는 결혼이었는데 어려운 고비를 안전하게 넘어가는 결혼도 있다.

이러한 현실은 결혼한 다음 부부의 사랑은 저절로 크는 나무가 아니라 소중히 가꾸어나가야 하는 나무라는 것을 되돌아보게 해준다.

결혼의 길, 성취의 길

● ● ●

엠마와 디디는 장래가 촉망되는 발레리나였다. 경쟁의 정점에서 디디는 남자 무용수와 사랑에 빠져 임신하고, 오클라호마의 평범한 소도시에 정착해서 무용을 가르치며 세 아이를 낳고 살아간다.

엠마는 결혼하지 않고 자신의 기량을 마음껏 발휘하여 손꼽히는 프리마 발레리나가 된다.

어느 날 그 무용단이 디디가 살고 있는 곳으로 공연을 하러 오고, 디디의 딸 에밀리아는 재능을 인정받아 무용단에 입단하게 된다.

여러 부문에 아카데미상 후보로 지명되었던 〈터닝 포인트〉라는 영화의 기본 설정이다.

처음에는 반가움과 우정만 드러내 보이던 디디와 엠마의 보이지 않던 갈등이 딸 에밀리아를 사이에 놓고 터져 나온다. 발레리나의 꿈을 접은 것이 허전했던 디디와, 갈채와 환성 뒤에서 이제 젊은 후배에게 자리를 내주어야만 하는 엠마, 두 여자의 삶은 우리에게 잔잔한 성찰과 함께 두 갈래 길을 보여준다.

사랑이나 성취, 어느 쪽 길로 가도 우리 마음속에는 회한과 그리움이 남을 것이다. 마지막 장면을 장식하는 무대에서 프리마 발레리나로 데뷔하는 에밀리아는 보석처럼 영롱한 자태로 독무를 춘다. 춤추는 에밀리아는 인생의 모든 슬픔을 덮을 만큼 아름답다.

갈채와 환호에 답하던 에밀리아가 사라진 무대 뒤에서, 인생과 화해하게 된 두 친구는 이야기를 나눈다.

"이제 그 아이가 시작할 차례구나. 그렇지만 그것들이 얼마나 덧없이 짧은지, 우리가 아는 것을 그 아이가 안다면……."

이제 갈채의 내리막길로 접어들어, 스스로 자신을 드러내는 춤을 추는 대신 젊은이들을 가르쳐야 하는 엠마의 말에 디디는 대답한다.

"그건 그 아이가 몰라도 될 것 같아."

● 인생이 얼마나 허무하며, 모든 성취는 얼마나 서글픈 그림자를 드리우는지를, 젊은 나이에 미리 안다고 해서 우리 삶이 더 나아지지는 않을 것이다. 모든 인생의 단계에는 각각 다른 과정이 있기 때문이다.

아름다움이 오래가지 않는다는 것은 슬프지만, 시인들의 말처럼 아름다운 것들은 사라지기 때문에 그 정점의 순간에 빛을 발하는 것일지도 모른다.

무대의 영광 뒤에서 모든 사생활을 저버렸던 엠마는 쓸쓸하게 독백한다.

"젊어서는 35세만 되면 은퇴하리라고 생각했어. 하지만 그 나이가 되자 여러 가지 다른 이유들이 생기고, 나는 하루하루 그 결정을 미루다가 이제는 다시 나이 생각은 하지도 않게 되었지."

성취한 꿈과 잃어버린 꿈은 두 여자에게 엇갈리며 그림자를 남긴다.

무대 위에서 함께 춤추며 젊은 시절을 공유했던 두 여자는 다른 길의 끝에서 만나 화해한다.

많은 어머니들이 자신이 이루지 못했던 꿈을 딸이 이루는 모습을 보고 싶어 할 것이다.

부모 세대가 자기 자녀나 젊은 사람들에게 가지는 생각들이 있다.

'내가 그때 이것을 알고 있었더라면…….'
그러나 자기가 실패했던 일을 되풀이하지 않도록 바른 길로 인도하고 싶은 생각은, 자칫 무미하고 단조로운 인생으로 젊은이들을 몰아넣을 수도 있다.

합리적이고 옳은 길을 알고 있다 하더라도 그 길을 그대로 따라가기는 쉽지 않다. 중년이 지나서도 여전히 사람들이 정확하고 합리적인 판단만을 내리고 사는 것은 아니지 않은가.

사람들은 때때로 과거에 대한 회한 때문에 온몸을 떨면서 괴로워한다. 그때 그렇게 하지 말 것을, 다시 해본다면 그렇게 하지 않았을 것을…….

젊어서 자기 앞에 놓여 있던 그 길고 끝이 보이지 않던 길들…….

이제 그 길의 끝이 가까워 오고 있지만, 그 끝이 보이지 않기는 젊었을 때와 다를 바가 없다.

아마 그래서 사람들은 나이 들면 앞에 있는 짧은 길을 보려 들지 않고 되돌아보기를 즐겨하며, 젊은이들이 가려는 길에 간섭하고 싶어지는 것 같다. 그 길에는 추억이라는 이름의 그리움도 있고 회한이라는 이름의 고통도 있다.

결혼을 하든 미혼으로 지내든, 어쩌면 우리는 모파상의 이야기에 나오는 여주인공처럼 진품도 아닌 목걸이 값을 갚기 위해 일생을 애쓰면서 살아가고 있는 것인지도 모른다.

원하는 길로 갔다고 믿고 싶으면서도 서글픔에 잠기는 엠마와 디디처럼…….

서로의 생각을 읽을 줄 아는 남자와 여자

결혼생활에서 얻을 수 있는 지적인 친밀감을 쉽게 설명한다면, 곧 배우자가 어떻게 생각하는지 내가 알고 또한 내가 어떻게 생각하는지 배우자가 알고 있다는 것이다. 감정적 친밀함을 얻게 되는 것이 쉽지 않은 것처럼 이 또한 많은 시간을 필요로 한다. 상대방의 생각하는 경로를 따라가서 이해할 수 있는 지적인 친밀함이 형성되려면 수많은 경험과 노력이 요구되는데, 이는 대화나 서로 다른 문화적·정치적 배경, 그리고 각자의 인생관에서 비롯된 일들을 통해 이루어진다.

사실상 결혼생활을 영위했지만, 서로 상대방의 삶에 법적이거나 사회적인 제약을 가하지 않겠다는 계약결혼을 실행해 유명한 커플이 사르트르와 보부아르이다. 두 사람이 쓴 글을 단 한 줄도 읽지 않은 사람들까지도 두 사람의 계약결혼에 대해서는 대개 들은 바가 있을 정도이니 더 말할 것이 없다.

인간관계의 초기에는 비슷한 관점을 가진 사람들 간에 지적인 친밀감이 형성되기 쉽다. 어릴 때 친해진 친구가 오랜 친구가 되는 경우가 많은 것을 보면 알 수 있다. 나이 들어갈수록 사람들이 생각하는 방법이 너무나 복잡해져서 타인의 생각을 이해하는 것이 쉽지 않다. 한 인간의 내적인 측면에 우주처럼 방대하게 많은 정보가 내장되어 있기 때문이다.

결혼해서 함께 살기로 작정하고 사회에 그 결정을 통보한 부부가, 정작 관심을 두어야 할 것은 '배우자가 어떤 생각을 하고, 무엇을 믿는가'뿐만이 아니다. 더 중요한 점은 어떤 경험과 경로를 통해 그런 생각을 하게 되었고, 믿게 되었는가이다.

> 다시 말해, 부부 사이의 지적인 친밀함이란, 배우자가 여러 가지 사건과 주제에 관해 어떤 생각을 하고 있는지 아는 것이 전부가 아니다. 배우자의 생각이나 의견이 무엇에 의해 움직이고, 무엇에서 영감을 얻으며, 무엇에서 동기부여를 받는지를 아는 것이다.

젊은 지식인들에게 바람직한 결혼의 모델을 보인 것으로 추앙받았던 사르트르와 보부아르는 외부의 압력 없이 친밀한 관계를 일생에 걸쳐 유지했다.

긴 삶의 여정에서 어떤 때는 사르트르가, 어떤 때는 보부아르가 다른 이성과 염문을 일으키기도 했다. 그럼에도 두 사람의 본질적인 결속력이 깨어지지 않았던 가장 큰 이유는 서로의 지적인 부분에 대한 막강하고 깊은 이해가 있었기 때문이다.

"어떻게 저런 말도 안 되는 생각을 할 수가 있을까?"

"자기만 아는, 저런 이기주의자와 함께 사는 게 견딜 수 없이 불행해."

"사람보다 물건이나 돈이 더 중요한 그가 환멸스러워."

"도대체 책이라고는 읽지 않고 수다나 떠는 아내를 견딜 수 없어."

불행한 결혼을 했다고 주장하는 사람들은, 자기가 배우자를 사랑할 수 없게끔 하는 불가항력적인 부분에 대해 끊임없이 스스로에게 이야기를 들려주는 경향이 있다.

중요한 것은 그런 생각에 이르게 된 기나긴 경로에 대한 관심과 추적이다. 우리는 배우자의 어릴 적 이야기를 듣고, 그 가족과 친구의 이야기를 듣고, 또 내 의견도 이야기하면서 그 과정에 이르게 된 경로를 따라가 볼 수 있다. 대화가 중요하다는 것은, 서로가 친절하고 다정한 이야기만 하면서 겉으로 일어나는 마찰을 줄이자는 데 그 궁극적인 목표가 있는 것이 아니다.

진심은 수면에 가라앉혀 두고 서로 좋은 이야기만을 나누는 것이 부부의 본질적인 친밀감에 도움이 되지는 않는다. 그것은 폭발하려는 문제를 흙으로 덮어둔 채 그 위에 꽃을 한 송이 심고 문제가 해결되었다고 믿고 싶어 하는 것과 마찬가지이다.

일본 열도를 초토화시킨 지진은 어느 날 아침에 갑자기 일어난 일이 아니다. 물론 지진이 일어나는 순간은 섬광처럼 짧지만, 땅 밑에서 오랜 세월에 걸쳐 미세한 여러 가지 움직임들이 그런 결과를 만들어 내는 것이다.

사르트르와 보부아르의 결합이 시사하는 가장 중요한 점은, 자신이 생각하고 느끼는 것을 서로 나누고 그 생각에 이르게 된 과정을 가감 없이 이야기함으로써 인간으로서의 깊은 친밀감을 이루게 되었다는 점이다.

두 사람의 계약결혼의 중요한 조건은, 첫째 다른 사람과 사랑에 빠지더라도 간섭하지 않기, 둘째 두 사람 사이에 비밀은 없기, 셋째 경제적으로 독립하기였다.

이렇게까지 개방적이기는 어렵겠지만, 어느 정도 지적인 친밀감을 유지하는 부부라면 살아가면서 일어나는 다양한 일들에 함께 대처하는 진정한 동반자가 될 수 있을 것이다.

배우자의 자유로운 영혼과 기꺼이 함께하기

"넥타이는 맬 뿐만 아니라 자를 수도 있으며, 피아노는 연주할 뿐만 아니라 두들겨 부술 수도 있다."

백남준이 이런 말을 세상에 던졌을 때, 그에게 심취한 사람이든 거부감을 가진 사람이든 간에, 자신이 세상 만물에 대해 믿고 있던 굳건한 믿음에 균열이 일어나는 것을 경험했을 것이다.

'아, 이렇게 다른 시각으로 세상을 바라볼 수도 있구나.' 하고…….

사회적인 격식에 얽매이지 않고 사람들 앞에서 자유분방한 생각을 거리낌 없이 털어놓던 백남준은 TV 모니터로 만들어진 캔버스를, 이렇게 자신만만하게 소개했다.

레오나르도 다빈치처럼 정확하고,
피카소처럼 자유분방하며,
르누아르처럼 호화로운 색채로,
몬드리안처럼 심원하게,
잭슨 폴락처럼 야생적으로,

그리고 제스퍼 존스처럼
리드미컬하게 표현할 수 있다.

이런 자신감 뒤에는 비디오 아트의 창시자인 그를 곁에서 오랫동안 지켜준 일본인 아내, 구보타 시게코가 있었다. 그녀는 남편이 세상을 떠난 후, 남편에 대한 이야기를 쓴 책의 출간을 기념하는 기자 간담회에서 이렇게 털어놓았다.

"1972년 생일날, 남준은 일본의 형에게서 1만 달러를 받아서 뉴욕으로 돌아왔어요. 그런데 그 돈으로 맨해튼의 골동품 가게에서 표정이 일그러진 불상 하나를 사 왔더군요. 가난한 살림에 치여 살던 저는 크게 화를 냈지만, 2년 후 그 불상은 남준의 대표작인 'TV 부처'가 되었습니다. 그래서 '아, 이 사람은 정말 천재구나, 이 사람이 돈을 쓰는 것에 대해 불평하면 안 되겠구나.' 생각했습니다."

그녀는 또 이렇게 말했다.
"내가 백남준을 사랑한 것은 그가 천재였기 때문이며, 도쿄에서 열린 공연에서 백남준의 에너지를 보고 완전히 매료되었습니다. 나 역시 예술가였기에 백남준의 가치를 알아볼 수 있었습니다."
구보타는 자신도 예술가의 길을 걸으면서, 남편의 궁극적인 목적이 그 최상의 시점에 이르도록 도움을 아끼지 않는 정신적 친밀감을 우리에게 보여주었다.

> 억압과 포기에서 일어나는 순종의 모습이 아니라 배우자가 최상의 삶을 향한 길을 가도록 자발적으로 돕는 사람들의 모습은 아름답다.

정신적 친밀감의 최종 목표는 서로 열정과 목표를 가지고 인생을 설계해나가는 것이다. 사람은 누구나 자신이 지닌 모든 재능을 발휘해 최상의 모습으로 살아가고 싶어 한다. 깊은 인간관계에서 중요한 목적은 최상의 상태에 도달하도록 서로를 돕는 것이다. 이 공통 목적이 바로 부부간에 성취를 이루도록 해주는 가장 중요한 친밀함의 뿌리이다.

정신적으로 친밀해지는 과정은 상대방의 생각하는 경로를 따라가서 이해하는 지적 친밀감과 달리, 한마디로 정의를 내리기 어렵다. 이런 친밀감을 지닌 사람들은 같은 종교적 믿음을 가지고 있기도 하지만, 다른 믿음을 지니고 있기도 하다.

어린아이처럼 멜빵 달린 바지를 입고 TV에 나와 가식 없이 자유롭게 이야기하던 백남준을 떠올려보면, 그의 아내 구보타가 그에게 나누어 주었던 가장 중요한 것은 바로 이것이 아니었을까 싶다.

이 친밀함은 서로에 대한 존중에서 시작되며, 누군가를 사랑한다면 그가 최대한의 능력을 발휘할 수 있도록 도와야 한다는 태도에서 정점을 이룬다. 결혼한 다음에 배우자가 능력을 발휘하도록 돕는가,

아니면 자신이 원하는 삶을 위해 배우자의 소망과 능력부터 꺾어 누르는가가 그 갈림길을 이룬다.

생각이 깊은 사람은, 사랑하는 사람에게 해가 되거나 타고난 재능의 발휘를 막는 일은 좀처럼 하지 않는다. 이것이 바로 정신적 친밀함의 첫 번째 원리이다. 이런 원리를 지키는 부부는 일상적으로 일어나는 모든 일에 의견이 일치하기를 바라지 않고, 때때로 다투기도 하지만, 궁극적인 목적에서는 온전한 일치를 지향한다.

첫 대면에서 백남준의 말할 수 없는 매력에 이끌린 구보타는 그에게 다가가기 위해 예술에 정진했고, 그와의 만남이 사랑과 결혼으로 발전한 다음에도 그가 원하는 궁극적인 목표에 도달할 수 있도록 기꺼이 돕는 일에 혼신의 노력을 기울였다.

어린아이 같은 미소를 잃지 않았던 백남준 곁에는 자유로운 영혼이 훼손되지 않도록 지켜주면서 함께 머물러 있었던 아내의 깊은 사랑이 있었던 것이다.

2
사랑과 결혼에 관한 몇 가지 검색

로미오와 줄리엣을 위하여 ♥ 완전한 사랑이라는 꿈 ♥ 따뜻한 배우자가 있는 사람은 결코 외롭지 않다 ♥ 이 역할은 맡지 않겠어요 ♥ 시크릿 가든의 비밀 ♥ 열아홉 처녀와 결혼한 철학자 ♥ 연애지상주의자들의 결혼관 ♥ 결혼이 문학과 만났을 때

로미오와 줄리엣을 위하여

문학사에 남은 가장 행복했던 결혼은 로미오와 줄리엣의 결혼이었을지도 모른다.

아이들을 낳고 고통과 기쁨을 함께 겪으며 오래 살아온 결혼만 행복한 결혼일까. 오히려 사랑의 극치에 이른 상태에서 죽음을 맞게 된 두 사람의 짧은 결혼이 제일 행복한 결혼이었다고 볼 수도 있다.

"사랑이 결혼의 전부가 아니다."

이렇게 말하는 사람들을 향해 젊은이들이 반박하는 강도는 점점 약해지고 있다. 그래도 반항 삼아 한마디를 묻기는 한다.

"그렇다면 무엇이 제일 중요하지요?"

그 대답은 대체로 경제적이기도 하고 애매하기도 하다.

"물론 사랑이 중요하기는 하지만, 정열은 대체로 시들게 되어 있고 지루한 일상만 남는다니까. 그럴 때 일상을 영위할 기본 자료, 즉 집이며 돈 같은 생활에 필요한 품목들이 없으면 사랑도 죽고 행복도 죽어버려."

이즈음에는 정열에 불타야 할 젊은이들이 사랑이 결혼의 전부가 아니라는 생각을 먼저 내어놓기도 한다. 좋게 말하자면 이성적이 된 것인데, 달리 말하자면 상당히 영리해진 것이다.

사랑에 목숨을 걸던 드라마 속 젊은이들까지 점점 더 철이 들어가고 있다. 재벌의 아들은 가난한 여자를 사랑하면서도 결국 자기들의 사랑이 비극적으로 끝나리라는 것을 확신하고, 이렇게 진술하는 참이다.
"그렇지 않아? 결국 우리의 사랑도 시들 테고 그때가 되면 우리에게 무엇이 남겠어?"
정말 대단한 예언자가 나신 것이다.
영원한 사랑 같은 것은 없으며, 우리의 사랑이라는 열정도 호르몬 작용에 불과하며, 우리의 마음은 시시각각으로 변하게 되어 있으며…… 이런 사실들을 알았으니 자신이 제법 총명해졌다고 믿는 젊은이는 과연 진실에 다가간 것일까.

신앙이 깊은 사람이 신을 믿듯, 영원한 사랑을 믿는 사람에게는 그것이 자신의 진실이 될 수 있다. 인간의 모든 부분을 분석하고 해체하며 영혼에까지 메스를 들이대기 시작한 현대 문명의 정보 분석은 오아시스의 탈을 쓰고 우리의 삶을 오히려 사막의 황량함으로 인도하고 있다.

작금의 총명한 남녀의 대사를 로미오와 줄리엣이 함께 나눈다면 대강 이렇게 진행될 것이다.

"로미오, 어차피 우리 두 집안은 원수잖아. 우리가 결혼해봤자 별 볼일 없을 거야. 사랑은 퇴색할 거고 양가 부모님들은 불행할 거잖아."

"하긴 나도 그런 생각을 해보기는 했어. 줄리엣, 이렇게 멀리 내다볼 줄 아는 우리는 정말 머리가 좋은 것 같아. 그러니까 너도 적당한 선에서 우리의 사랑을 편하게 끝내고 집안에서 권하는 그 귀족하고 결혼하는 게 좋겠어."

"그렇지만 나는 너를 진심으로 사랑해."

"글쎄, 그게 다 젊어서 한때라잖아. 결혼은 연애하고는 달라. 우리도 이쯤에서 현실을 직시해야 할 것 같아."

"그렇다면 우리 두 사람의 이 열렬한 사랑이 아무것도 아니란 말이야?"

"누가 아니래? 그냥 우리의 열렬한 사랑은 일 년이나 이 년이 흐르면 호르몬 작용으로 저절로 시들 거라는 현명한 자세로 문제를 바라보자는 것이지."

이 두 사람에게 이런 총명함이 있었다면 미리 알아서 단념을 하고, 집안에서 쌍수를 들어 환영하는 조건이 좋은 배우자를 만나 2퍼센트 부족한 대로 살아갔을지도 모른다.

그러나 '로미오와 줄리엣'의 연극이 시작되기 전에 들려주는 배우의 서사는 이미 두 사람의 비극을 예고하면서 이렇게 시작된다.

"아름다운 베로나를 무대로, 세도 있는 두 가문이 오랫동안 쌓인

원한으로 또 싸움을 일으켜, 시민의 피로 시민의 손을 더럽힌다. 이 두 원수 가문의 숙명적인 관계에서 불운한 한 쌍의 연인이 태어난다……"

무도회에서 만난 줄리엣에게 혼을 빼앗긴 로미오는 그녀의 집을 찾아간다. 정원으로 숨어든 로미오는 발코니에 나온 그녀의 독백을 듣게 된다.

"오, 로미오, 로미오! 왜 이름이 로미오인가요? 아버지를 잊으시고 그 이름을 버리세요. 아니, 그렇게 못하시겠다면, 저를 사랑한다고 맹세만이라도 해주세요. 그러면 저도 캐플렛의 성을 버리겠어요."

로미오가 듣고 있는 줄 모르는 줄리엣의 독백은 계속된다.
"몬테규네 식구가 아니라도 당신은 당신이에요. 다른 이름이 되어주세요. ……장미꽃은 다른 이름으로 불려도 향기롭기는 마찬가지이지요."

이어지는 독백을 듣던 로미오는 더 참지 못하고 말한다.
"……나를 사랑한다고만 말해준다면, 다시 세례를 받고 이제부터 로미오란 이름을 영영 버리겠소."

그제서야 로미오가 정원에 있는 것을 알고 줄리엣은 깜짝 놀란다. 마침내 서로 열렬한 사랑을 고백하고 안타까운 이별을 나누기 전에 줄리엣은 말한다.

"그리운 로미오 님, 정말 안녕히 가세요. 당신의 애정이 진정이고 결혼할 생각이시라면 내일 사람을 보내겠으니, 언제 어디서 결혼식을 올리실 것인지 알려주세요. 그러면 운명을 송두리째 당신 발밑에 내던지고 당신을 남편으로 삼아 이 세상 어느 곳이라도 따라가겠어요."

안타깝게 이별한 두 사람은 로렌스 신부를 찾아가 결혼의 서약을 맺는다.

하지만 줄리엣의 사촌 오빠인 티볼트를 사고로 죽이게 된 로미오는 추방을 당한다. 결혼을 재촉받게 된 줄리엣은 사면초가에 처해 죽음을 가장하고 로미오와의 미래를 기약한다. 그러나 로미오는 줄리엣이 죽은 줄로만 알고 돌아온다.

이 두 사람은 자신들의 사랑을 인생의 유일한 최고의 가치라고 믿고 서로를 남편과 아내로 받아들인다. 그리고 오해 속에 상대방이 죽은 줄 알고 따라 죽어버린다.

"아, 사랑하는 줄리엣, 당신은 아직도 너무나 아름답구려……. 내가 언제까지나 당신과 함께 누워 이곳 컴컴한 밤의 궁전을 지켜주겠소. 눈아, 마지막으로 보거라! 팔이여, 마지막으로 안아보는 그녀의 몸이로구나!"

줄리엣이 죽었다고 생각한 로미오는 무덤을 찾아가 독약을 마시고 그녀의 곁에서 죽는다. 가사상태에서 깨어난 줄리엣은 그의 죽음을 보고 절규한다.

"아, 이게 뭐지? 잔이 로미오 님의 손에 꼭 쥐어져 있네. 독약을 마시고 방금 돌아가신 거야. 참 무정도 하지. 뒤따라가지 못하게 단 한 방울도 안 남겨놓았단 말인가. 그러면 당신의 입술에 키스하겠어요. 혹시 독약이 입술에 아직 묻어 있다면 생명의 묘약같이 나를 천당에 보내주겠지. 아! 입술은 아직도 따뜻하네."

사람들의 인기척이 들리자 줄리엣은 단도로 가슴을 찌르고 로미오의 시체 위에 쓰러져 죽는다.

어째서 두 사람의 가슴 저리는 사랑 이야기를 듣고 있으면 어리석다는 생각이 들지 않고 가슴에 아픈 통증이 오고 저절로 눈물이 고이는 것일까.

아마도 그 이유는 모든 것을 뛰어넘어 목숨까지 거는 두 사람의 순수한 사랑의 아름다움이 우리의 영혼에 숨어 있는 가장 깊은 부분을 울리기 때문인 것만 같다.

완전한 사랑이라는 꿈

● ● ●

　백제 설화에 나오는 도미는 아름다운 아내 때문에 왕의 질투와 격분을 사게 되어 두 눈을 잃는다. 아내가 절대 권력자인 왕의 수청 명령을 거역하고 그를 속였기 때문이다. 목숨을 걸고 아내의 정절을 믿다가 실명한 도미는 강가에서 아내와 재회한다. 아내의 아름다움을 더 이상 바라보지 못하게 된 만남은 슬픔을 불러일으킨다. 그 후 오랫동안 도미의 아내 이야기는 완전한 정절과 사랑의 표시처럼 전해 내려오고 있다.

　샬롯 브론테가 쓴 《제인 에어》의 여주인공은 외로운 고아로 자라나 가정교사로 들어간다. 그녀는 그 집의 주인인 로체스터를 깊이 사랑하게 되지만, 결혼하기로 한 날 그의 아내인 광녀가 탑에 갇혀 있다는 사실을 알게 되자 그를 떠난다. 시간이 흐른 후 제인은 로체스터가 자기를 부르는 환청을 듣고 그의 집을 다시 찾아온다. 그녀는 집에 불이 나서 로체스터가 불길 속에서 실명하고 아내는 세상을 떠났음을 알게 된다. 두 사람은 기쁨 속에 재회하며 일생의 빛으로 서로를 받아들인다.

남녀의 사랑이 지고지순한 영혼의 만남으로 이루어진 것이라면, 육체적 불구도 장애로 느껴지지 않는다는 느낌이 이 소설을 읽는 사람들을 사로잡는다.

도미와 로체스터로 이어지는 실명한 남자들과 연인 간의 사랑은 우리에게 많은 것을 생각하게 한다. 이 사람들은 두 눈을 뜨고 있었지만, 한 여인을 사랑하게 되고.나서 기구한 인생의 여정을 겪으면서 시력을 잃는다.

만약 여주인공이 실명하고 남자 주인공과 결합하게 되었다면, 안도감보다는 오히려 불안감이 들지 않았을까. 일반적으로 여성은 보호하고 돌보려는 속성을 더 지니고 있고, 남성은 어려운 사람을 자상하게 돌볼 능력이 떨어진다는 속설이 있지 않은가.

사람들은 누구나 조건 없는 완전한 사랑을 꿈꾼다.

우리는 사회적으로 문제를 일으키거나 성격이 원만하지 않은 사람들을 가리켜 애정결핍증에 걸렸다고 쉽게 평하는 경우가 많다. 그렇지만 완전한 사랑의 원형과 비교해본다면, 누군들 애정결핍증에 걸리지 않았다고 장담할 수 있을 것인가.

●

조건 없이 사랑하고, 있는 그대로 존중해주며, 이 세상의 다른 어느 누구보다도 나를 더 존귀하게 여기고, 내 앞에 절대로 다른 사람을 세우지 않는 깊은 애정은 누구나 꿈꾸는 바일 것이다.

과연 이성 간의 관계에서, 특히 결혼한 부부의 관계에서 그런 완전한 사랑이 가능할 것인가. 사람들은 자기 배우자가 다른 이성에 대한 추억을 지니고 사는 것을 어디까지 묵인할 수 있을까. 결혼한 후에도 다른 사람을 사랑하고 깊은 관계를 맺는 경우를 우리는 불륜이나 간통이라는 이름으로 매도한다. 이미 그런 상태에 이르면 올바른 결혼생활이라고 보기는 어렵다.

그러나 삶이 쓸쓸하고 허전할 때 양지바른 곳에서 잠시 햇볕을 쪼이듯 회상해볼 수 있는 추억이 있다는 것은 그다지 나쁜 일이 아닐 것이다.

의처증에 걸린 남편은 아내의 생각을 완전히 파악하고 있어야만 한다고 믿는다. 이런 남편이 걸핏하면 아내에게 하는 말이 있다.

"지금 또 어느 놈 생각을 하고 있는 거야?"

이런 지경에 이르면 아내는 생각하는 표정 자체를 짓지 않는 게 상책이 되어버린다. 내일 동창회에는 무엇을 입고 갈까, 친척 결혼식에는 부조를 얼마 할까 곰곰이 생각해보는 표정도 의심의 대상이 되고 만다. 차라리 누군가를 마음에 간직하고나 있다면 이렇게 억울하지는 않겠다고 하소연하는 아내도 드물지는 않다. 의부증에 걸려 남편을 쥐 잡듯 단속하는 아내의 경우도 마찬가지이다.

●

사람들이 지니고 있는 완전한 사랑에 대한 환상을 대개 몇 살부터 포기하기 시작하는지 궁금하다. 아마 사람들마다 그 시기는 다를 것이다.

그러나 언젠가 접어 넣어두었던 사랑에 대한 환상이, 도미와 아내가 만나는 강변이나 로체스터와 제인이 만나는 정원의 나무 그늘을 상상해보노라면 돌연히 떠오르는 것 같다.

사람들은 자신을 도미나 로체스터의 입장에 세워놓고 그들처럼 완전한 사랑을 받기를 꿈꾸며 주인공의 입장과 자기를 동일시하곤 한다.

우리는 살아가면서 말도 안 되는 일에 더 이끌리는 성향을 지니고 있는지도 모른다. 어찌 보면 인생은 너무 길고 현실은 숨 막히도록 가까이 와서 우리를 대면하고 있기 때문이다.

일견 비현실적인 듯한 순수한 사랑의 이야기가 사람들의 마음을 끄는 것을 보면, 사람들이란 너나 할 것 없이 선천적인 애정결핍증 환자들일지도 모른다.

배우자에게 완전한 사랑을 요구하는 것이 무리라는 것은 더 이상 설명할 필요도 없을 것이다. 실상 놀라운 점은, 완전한 사랑을 꿈꾸는 인간이 결혼이라는 형태의 사랑도 받아들일 수 있다는 유연성이 아닐까 싶다.

따뜻한 배우자가 있는 사람은 결코 외롭지 않다

빅토리아 여왕은 18세의 나이에 왕위에 올랐다. 그리고 3년 후 독일 출신의 앨버트 공과 결혼했다. 램프를 집어 던지거나 문을 세게 닫거나 하면서 때때로 싸운다는 풍문이 떠돌기도 했지만 두 사람은 아주 사이가 좋았다. 앨버트 공은 여왕의 남편이지만 그녀의 들러리나 로봇이 아니라는 사실을 분명히 했고, 여왕은 그런 남편의 의사를 존중했다.

독일에서 앨버트 공이 처음 왔을 때, 영국인들의 반응은 냉담했다. 그런데 사람들의 생각을 바꾼 일이 일어났다. 결혼하고 일 년 후 여왕 부부가 마차를 타고 가고 있을 때 괴한에게서 권총 저격을 당했다. 그는 순간적으로 몸을 날려 여왕의 몸을 보호했다. 영국 국민들은 깊이 감동했고 그에 대한 인식도 바뀌기 시작했다.

두 사람은 서로 성격이 달랐다. 여왕은 밤새도록 춤을 추며 새벽을 맞는 것이 큰 즐거움인 열정적 성격이었고, 앨버트 공은 저명한 학자들이나 예술가들과 이야기 나누기를 즐겼다. 그리고 일찍 잠자리에 드는 것을 좋아했다.

성격이 다르지만 두 사람 사이는 매우 친밀했다. 다양한 분야에 관심이 많은 앨버트 공은 여왕이 마음 놓고 모든 것을 상의하는 자문의 대상이었고, 성공적인 사회봉사 사업으로 국민들에게 존경과 신뢰의 대상이 되었다.

그가 42세의 젊은 나이에 장티푸스로 숨진 후 여왕은 몹시 큰 충격을 받아 슬픔을 이기지 못했다. 신하들은 그녀가 너무 슬퍼하다가 그대로 정신이 이상해지는 것은 아닌지 걱정할 정도였다.

> 여왕은 내 인생은 그가 죽은 날 다 끝나고 말았다고, 만나는 사람들에게 말하고는 했다. 그녀는 남편이 죽은 후 거의 상복을 벗지 않고 지냈으며 국회 개원식에 참석할 때도, 재위 50주년 기념 행진에도 검은 상복을 입었다.

여왕은 혼자 잠들지 못해 남편의 외투를 덮고 그의 붉은 실내복을 안고서야 겨우 옅은 잠을 잘 수 있었다고 한다.

그녀가 상복을 벗은 것은 임종 직전이었다고 전해진다. 여왕은 사랑하는 남편과 재회할 때 검은 옷을 입을 수는 없다며, 신부처럼 흰 옷으로 단장해줄 것을 유언으로 당부했다고 한다.

런던에 서 있는 위인들의 동상은 안개처럼 내리는 비에 무방비 상태로 놓여 있다. 윈스턴 처칠도 넬슨 제독도 꼼짝없이 비바람을 맞고 서 있다.

하지만 사후에 하이드파크의 한 모퉁이, 캔싱턴 가든에 세워진 거

대한 앨버트 공의 동상 위에는, 정자의 지붕과 같은 구조로 만들어진 금빛 덮개가 씌워져 있다. 비록 동상이라도 비를 맞지 않도록 배려하는 여왕의 애틋한 사랑이 엿보인다. 여왕이 남편을 그리워하는 마음이 묻어나는 이 황금 동상을 세우는 데에는 12년이나 걸렸다고 한다.

> 사람들은 '누군가 나를 배려하고 있고 사랑하고 있다'고 느끼기를 원한다. 부부는 이런 느낌을 나누어줄 수 있는 가장 최소한의 집단일 것이다. 이 여왕 부부는 서로 배려하고 사랑하고 있다는 느낌을 살아서나 죽어서나 지니고 있었던 것이다.

이처럼 배우자가 우호적이고 따뜻한 마음을 보여주면 여러 가지 문제에 좀 더 수월하게 대처할 수 있다. 반면에 배우자가 적대적이면 우리가 느끼는 쓸쓸함이나 고통은 매우 심각한 수준에 이르고 만다.

건강한 부부는 빅토리아 여왕 부부처럼 부유하거나 사회적으로 높은 위치에 도달하지 않아도 서로에게 따뜻함, 배려, 사랑, 친근함 등 삶의 근본이 되는 것들을 줄 수 있다. 그런 의미에서 따뜻한 마음을 지닌 배우자가 있는 사람은 혼자 있을 때도 결코 마음이 외롭지 않다. 심지어 삶과 죽음의 경계선을 넘어설 때도 자신의 삶에 의미를 부여할 수 있어 평화로운 죽음을 맞을 기회를 더 갖게 될 것이다.

부슬부슬 비가 내리는 날, 높은 자리에 앉아 거대한 우산과도 같은 돔 지붕의 보호를 받고 있는 앨버트 공의 동상을 보고 있으면, 빅토리아 여왕의 남편에 대한 극진한 사랑이 저절로 마음속에 스며드는 느낌이 든다.

이 역할은 맡지 않겠어요

• • •

"제가 태어날 때, 진짜로 하늘에 무지개가 떴답니다."

이렇게 주장하는 사람도 있지만, 탄생설화란 대체로 전해 들은 이야기라 신빙성이 높지 않다. 어떤 사람도 자기가 태어났을 때의 정황을 분명하게 기억하지는 못하지만, 어쨌든 탄생과 더불어 우리는 '인간'이라는 최초의 역할을 부여받게 된다.

태어난 다음부터 차차 늘어나는 역할은 한두 가지가 아니다. 누군가의 아들, 딸, 형제, 자매에서 시작되는 역할은 학생, 친구, 직장인 같은 여러 가지 사회적 역할로 이어진다. 그중에서도 인생에 큰 영향을 미치는 중요한 역할이 결혼으로 이루어진 남편과 아내의 역할, 그 뒤를 잇는 아버지나 어머니의 역할이다. 이 수많은 역할 속에서 우리는 자의든 타의든 타인과 더불어 한 생애를 살아간다.

이 중에는 우리에게 선택의 여지없이 부과되는 역할도 있고, 적극적으로 선택하게 되는 역할도 있다. 가령 누군가의 자녀로 태어나는 것은 선택의 여지가 없지만, 누군가의 배우자가 되는 데는 선택의 여지가 있다.

2. 사랑과 결혼에 관한 몇 가지 검색

"그만두세요. 나, 이 역할은 맡지 않겠어요."

연극배우가 자신에게 맡겨진 배역을 거절하듯, 인생에서 자기 역할을 거절하기란 쉬운 일이 아니다. 복잡한 상황이 거미줄처럼 얽혀 있기 때문이다. 물론 우리는 자신이 맡은 역할이 마음에 들지 않을 때 중도하차를 하기도 한다. 가령 학교를 그만둔다든지, 직장을 그만둔다든지 하는 것처럼. 그렇지만 자신의 역할을 마무리할 때가 오기 전에 그만둘 경우에는 인간관계에 일파만파의 영향을 미치게 된다.

결혼해서 아내나 남편의 역할을 맡거나 결혼하지 않아서 독신자의 역할을 맡거나 간에, 우리는 결혼으로 연결된 인간관계의 그물망에서 완전히 자유롭기 어렵다. 결혼할 때 사람들이 바라고 기대하는 바는 다양하기 짝이 없다. 하지만 결혼해서 살아가노라면 원하는 것이 손에 다 들어오는 법도 없고, 우리의 기대가 전부 다 이루어지는 것도 아니다. 곧, 서로 사랑의 눈빛만 교환하는 로맨스의 주인공 역할을 늘 맡기는 어려운 것이다. 그렇다고 마음에 들지 않는 직장이나 학교를 때려치우고 직장인이나 학생의 역할을 끝장내듯이 결혼에서 벗어나기는 쉽지 않다.

이혼하게 되면 결혼으로 맺어진 모든 인연을 다시 정리해야만 하는 우리나라에서 이혼 이후에 양가의 가족, 친지들이 서로 만나며 관계를 지속하는 일이 흔하지는 않다. 외국 배우들처럼 이혼한 전 배우자의 결혼식에 가서 벙글벙글 웃고 있는 것은 우리 정서에는 좀처럼 맞지 않는다.

결혼하지 않는 남녀가 늘어나면서 인생의 가족 경험이 부모 형제로만 이루어진 원가족에서 그치는 경우도 드물지 않다. 독립하지 않고 부모와 함께 살다가 한쪽 부모가 세상을 떠나면, 남은 부모 중 한 사람과 살아가는 역할을 맡는 것이다. 형제나 친지들도 결혼하라고 어지간히 닦달을 하다가 부모를 따로 챙겨야 할 부담도 덜고 하니 좋은 점도 있는지, 슬그머니 채근을 거두어버린다.

"내가 죽은 다음에 어떻게 혼자 살려고 하냐. 네가 결혼을 해야 내가 눈을 감아도 감겠다."

부모가 이렇게 회유하는 경우도 있지만, 당사자는 이미 자기 역할에 익숙해져서 새로운 역할을 맡아 고군분투할 생각이 전혀 없는 경우도 있다. 게다가 부모가 자식과 함께 사는 게 익숙해지면, 그것이 더 편안해서 무리 없는 가족으로 살아가기도 한다.

부모가 세상을 떠나면, 배우자와 자녀가 있어야 험한 세상에 혼자 남지 않게 된다는 이유로 노후 보험을 들듯이 결혼해야만 하는 것은 아닐 것이다.

외국의 독신자들은 부모, 형제가 세상을 떠난 다음에도 사람들과 정서적인 유대를 지닐 수 있도록 준비하는 경우가 많다. 청년기를 지나 중년기를 거치면서 자신의 취미를 가꾸고 사회활동에 참여하며 친구나 지인들, 가까운 친척들과 가족 같은 분위기를 유지하도록 오랜 기간 시간과 노력을 투자하는 것이다. 우리나라처럼 부모와 지내다가 그들이 사망하는 경우, 중년의 고아처럼 정서적으로 고립된 채 세상에 혼자 남게 되는 경우는 드물다.

기나긴 인생에 단 하나의 정답은 있을 수 없지만, 기혼자나 독신자의 역할을 단호하게 선택할 때는 거기에 뒤따르는 부작용도 감수할 마음의 준비가 되어 있어야 한다.

문제는 어떤 역할을 맡든지 간에 갈등은 일어난다는 점이다. 가령 남편은 괜찮지만 시어머니와 맞지 않는 경우, 아내 역할과 며느리 역할은 충돌을 일으킨다. 아내가 싫어 남편의 역할을 그만두고 싶지만, 자녀를 사랑하기 때문에 아버지 역할은 그만두고 싶지 않은 경우도 만만찮은 역할 갈등을 불러일으킨다.

남편도 싫고 시집 식구들도 싫으면 결단을 내리기 쉬울 것 같지만, 아이들과는 헤어질 수 없으면 역할 간의 갈등은 달려오는 유성의 기세로 우리 내부에서 충돌한다.

"이건 대본이 마음에 들지 않는군요. 아내 역할은 괜찮지만 며느리 역할은 빼주세요."

복잡한 인생사에서 이렇게 배우처럼 쉽게 이야기할 수 없는 이유는, 그러다가 순식간에 모든 역할에서 제명당할 우려도 있기 때문이다.

시크릿 가든의 비밀

매스미디어의 시대에는 사람들의 관심을 폭발적으로 받는 영화나 드라마가 종종 나타난다. 예전에 왕가의 가족들이나 받던 관심을 이제는 가상의 인물과 가상의 이야기가 받고 있는 셈이다.

우리나라 왕가는 매스컴이 그 기세를 드러내기 이전에 소멸했지만, 우리는 영국 왕가의 삶을 속속들이 알고 있다. 탄생부터 유아기, 청소년기, 청년기, 중년기기 지니기도록 가족의 일거수일투족이 노출되기 때문이다.

청소년들과 이야기를 나누어 보면, 되고 싶은 롤모델이 연예인인 경우가 많다. 왕족과 연예인이 다른 점은 한두 가지가 아니겠지만, 왕족에 대한 관음증이 일생을 따라다니는 반면, 연예인에 대한 관음증은 극히 짧은 시간에 사라진다. 포장된 얼굴이나 몸매, 지어낸 예능 이야기에 싫증이 나면 매스컴이 먼저 가차 없이 그들을 버리고 대중들도 덩달아 그들을 버린다.

한동안 〈시크릿 가든〉이라는 드라마가 선풍적인 인기를 누렸다. 대체로 인기 있는 드라마도 종영이 되면서 차차 그 관심이 사라지게 마련인데, 이 드라마에 대한 관심, 특히 남자 주인공이었던 배우에 대한 관심은 보통 뜨거운 게 아니다. 그가 해병대에 지원하는 바람에 대한민국 해병대의 위상까지 따라서 더 높아졌다는 게 아닌가.

과연 그 인기의 비밀은 무엇일까. 무엇이 남녀노소를 망라한 사람들이 이 드라마에 열광하게 만드는 것일까.

> 마치도 이 세상에 존재하지 않을 것 같은 아름답고 탁 트인 정원에서 이야기는 시작된다. 그리고 젊고 잘생기고 최신형 오픈카를 타는 남자 주인공이 등장한다. 그가 사는 곳은 유리로 만들어진 집이다. 은밀하게 숨을 곳이 없다.

그에게도 최대 약점은 있다. 엘리베이터에 대한 공포에 가까운 두려움이다. 그리고 기억에서 지워져버린 아픈 상처를 지니고 있는 것으로 묘사된다.

그는 자기 소유의 백화점에 출근할 때 에스컬레이터를 타고 건물 내에 도열한 백화점 직원들의 인사를 받으며 프랑스의 태양왕 루이 14세처럼 거만하게 전진한다. 최상급의 명품 옷을 입고 운동할 때 입는 트레이닝복도 이태리 장인이 한 땀 한 땀 공들여 만든 최상급 옷이 아니면 입지 않는다.

인생에서 두 가지 커다란 역병이 과로와 권태라고 본다면, 이 주인공은 가지고 싶고 누리고 싶은 것을 다 지니고 있어서 권태의 극치에 이른 듯한 표정을 짓고 있다. 집안 좋고 돈 많고 미모에 학벌을 겸

비한 여자들에게 이미 싫증이 날 대로 나 있는 것도 곧 드러난다. 정략결혼이 최고라고 생각한다는 그의 말에서 이미 결론이 난 인생에 대한 극심한 권태와 지루함이 묻어난다.

그러다가 거칠고 학벌 없고 가족도 없고 누구에게나 죄송하다는 말을 하는 스턴트우먼에게 넋을 잃고 만다. 장난감에 지친 아이들이 길에서 깨진 사금파리가 햇빛에 빛나는 것을 보고 열광하는 셈이다.

여주인공은 가난하지만 인간으로서의 기본적인 자존감이나 정의감이 투철한 사람이다. 남자의 용모나 지위, 돈에 끌리지 않는 것처럼 보이는 여자에게 그는 거의 이성을 잃고 질주한다.

"사회지도층의 윤리란 이런 거야. 불우 이웃에 대한 배려라고 볼 수 있지."

이런 대사를 입에 달고 사는 남자주인공은, 지금 이 시대 지도층의 입에 발린 대사를 시니컬하게 조롱하는 느낌을 주기도 한다. 그는 상대방의 가슴 아픈 상처를 후비고 건드리면서도 자신이 무언가 잘못하고 있다는 인식조차도 없다.

그리고 가진 것이 많으나 마음이 텅 비었던 남자와 가진 것이 없으나 바르고 기개가 충만했던 여자가 서로의 없는 부분을 채워가는 과정이 전개된다.

말하자면 이 시대의 혼란스러운 정서가 정면에서 충돌하는 것이다. 모든 것을 가지고 누리고 싶은 열망과 그러면서도 삶의 의미와 바른길을 가는 꿈을 꾸고 싶은 양가감정이, 이 드라마에서 아픔과 눈물을 겪으면서 조우하고 있다.

그런데 이 드라마에서는 가족이 사라졌다. 가족생활이라든가 명절의 풍속이라든가 부모 자녀, 형제의 끈끈하고 깊은 유대감과 애증이 섞인 정서는 그림자도 없다.

두 주인공의 아버지는 이미 세상을 떠났고, 남아 있는 두 어머니는 모성의 흔적이 보이지 않는다. 욕심에 따른 강요와 확실한 부를 유지하는 '가이드라인'만 있다.

입시에 시달리는 동생도 없고, 중풍에 걸렸으나 살고 싶어 하는 노인도 없고, 증오에 불타는 부부간의 불화도 없다. 그리고 어떤 형태의 종교도 나타나지 않는다. 여주인공의 죽은 아버지의 주술과, 인도주의의 정언 명령처럼 '타인을 위해 움직이고 죽음도 불사하라'는 소방관의 기도가 있을 뿐이다. 남자주인공의 아버지는 아무도 그리워하는 흔적이 없을 뿐 아니라 살아서도 전혀 필요했던 사람 같지 않다.

우리나라의 전통적 가족주의는 대가족을 자기와 동일시하는 일종의 집단적 자아의식에 바탕을 두고 있다. 가족주의의 입장에서 볼 때, 이 드라마는 말하자면 아버지 상부터 소멸시키고 나서 그 뿌리를 송두리째 내다 버린 것이다. 잎과 꽃과 가지가 자신들의 모체인

'나무' 전체와의 연결 속에서 생명을 갖듯이, 가족의 성원인 개인은 하나의 '우리'인 가족에 유기적으로 연결됨으로써 그 진가를 발휘한다는 생각에 정면으로 도전한 것이다.

젊은 시청자들이 전통적인 가족주의의 해체를 얼마나 후련해했는지를 암암리에 드러냈던 것이, 드높은 시청률에 힘입은 광고 완판 기록이었다.

사라진 가족, 하지만 결국 지겨운 가족의 재탄생은 시작되고……

그렇지만 이 험난한 세상에 가족의 필요성과 효용성까지 내다 버릴 수는 없었는지, 우리가 꿈꾸는 가족 역할을 해주는 사람들이 대거 등장한다. 액션 스쿨의 선후배들은 가족 같은 응집력으로 앞장서 어려운 일을 도와주고 끈끈한 결합을 다진다. 가수와 매니저, 사장과 비서, 룸메이트도 우리가 가족에게서 기대하는 순기능의 역할을 대신한다.

아무튼 지겹고 억압적인 틀과 편견을 깨부순 주인공들은 마침내 모든 장애를 이겨내고 해피엔딩을 맞이한다. 하지만 젊은 시청자들은 이 해피엔딩에 "으잉?" 하고 실망스러운 반응을 보이지 않을 수가 없었다.

드라마 속 두 사람이 5년 후 딸도 아닌 아들을 셋이나 낳고, 남자 주인공의 어머니가 손자 셋을 받아들이는 가족회귀 사상으로 마무리되었기 때문이다. 지겨운 가족의 재탄생이 시작되면서 이 드라마는 끝을 맺는다. 결국 한바탕의 유토피아는 꿈이었다는 말인가.

해피엔딩으로 해달라고 읍소하던 네티즌들은, 얼마나 분개했는지 차라리 두 사람의 죽음을 암시하는 장면에서 이 드라마가 끝났어야 한다고 울부짖기도 했다.

어쨌든 매력적인 주인공들의 사랑 때문에 울고 웃으며 시간을 보냈던 사람들은, 이제 그만 가족 전통주의를 행복의 필수품인 양 인생에 살짝 끼워 넣고 있는 사람들이 사는 이 세상으로 돌아올 준비를 해야 할 때가 온 것만 같다.

열아홉 처녀와 결혼한 철학자

내가 결혼과 사랑에 대해 깊이 생각해보게 된 인상적인 사건이 있다. 숲 속에 은둔해서 살고 있는 노철학자인 리처드 테일러와 그의 젊은 아내를 만난 일이다.

미국을 여행 중일 때 나이아가라 폭포를 지나 코넬 대학으로 가는 도중에 트루먼스버그에 있는 노철학자의 집에 들러 그 집에 묵은 적이 있다.

철학자는 집 앞 정원 한쪽에 서재를 따로 짓고 거기서 책을 읽고 글을 쓰며 지낸다고 했다. 집으로 들어가는 입구에 서 있는 나무 그늘 아래서는 손수 벌을 길러 모은 꿀을 병에 넣어 팔고 있었다.

그는 칠십이 다 된 나이로 열아홉 살 처녀와 결혼하여 큰 화제를 불러일으켰다. 아내가 된 젊은 처녀는 원래 대학에서 그의 강의를 듣던 신입생이었다고 한다.

그의 집에 가는 동안 나는 호기심과 함께 기이한 느낌이 들었다. 석양 무렵의 시골길은 호젓하고 고즈넉했고 숲의 향기가 주위를 뒤덮었다.

그렇게 나이 차이가 많이 나는 결혼이 과연 결혼의 의미를 지닐 수 있을 것인가. 거기다 이제 결혼한 지 몇 년이 지나 아들까지 낳았다니 호기심은 더 커지기만 했다.

두 사람은 아주 친근하고 편안해 보였다. 나이 차이가 나서 이상해 보이는 점은 전혀 없었다. 젊은 아내가 요리를 하는 동안 남편은 아기를 안고 어르며 정원을 산책했다. 나는 부엌에서 그녀와 이야기를 나누며 사소한 일들을 거들었다.

정성껏 대접받은 저녁식사 후에 노교수는 차를 마시며 여러 가지 이야기를 들려주었다. 그는 자신과 아내에 대한 세상의 관심을 알고 있다며, 소탈하게 천천히 이야기를 이어나갔다.

자기가 욕심이 많다고 말하는 사람들도 있음을 알고 있다고 했다. 남편이 먼저 죽고 나면 아내가 혼자 남아 더 큰 고생을 할지 모르는데, 그런 상태에서 결혼하는 것은 너무 이기적인 태도라고 대놓고 말하는 사람도 있었다고 한다.

그는 말했다.

"나도 생각을 많이 해보기는 했지요. 우리 두 사람은 서로를 너무 가깝게 느껴 함께 있고 싶어 했는데, 결혼이 아닌 어떤 명분으로도 함께 있기는 어려웠습니다. 하숙을 할 것도 아니고 동거인으로 세를 들 것도 아니고요. 나이 차이는 많이 나지만, 서로 사랑하게 된 한 남자와 한 여자가 함께 지낼 수 있는 가장 편안한 방법은 결혼이었지요."

그는 친근한 눈으로 아기를 안은 아내를 바라보며 말을 이었다.

"아마 자연의 섭리가 순서대로 온다면 내가 먼저 세상을 떠나겠지요. 아내는 세상에 살아남아 더 많은 삶을 누릴 겁니다. 그리고 누군가 다른 사람을 사랑하게 되겠지요. 나를 잊지 않는다고 다른 사람을 사랑할 수 없는 것은 아닙니다."

그는 파이프에 연초를 채워 넣었다.

"전에는 내게 중요한 일들이 너무 많아서, 중년이 되어서도 아이들하고 놀아줄 시간이 없었습니다. 항상 야심 찬 계획이 눈앞에 놓여 있었고, 성취와 진전은 매우 중요한 덕목이었지요. 이제 인생의 석양에 서서 삶에서 제일 중요한 부분이 무엇인가를 깨닫게 된 것 같습니다. 아기를 안을 때, 아내의 머리카락이 목덜미에서 날리는 걸 볼 때, 숲의 향기가 바람을 타고 전해질 때, 그것이 제일 중요하다는 것을 이제는 좀 알게 된 것 같습니다. 아내는 내가 인생을 다시 바라보고 살 수 있도록 도와주었지요. 그녀에게 감사할 뿐입니다."

젊은 아내는 아기를 안은 채 다가와 미소 지으며 그의 어깨에 손을 얹었다.

"모차르트를 듣다가 품에서 잠든 아기를 살며시 내려 요람에 눕힐 때, 나는 살아 있다는 황홀감에 전율하게 됩니다. 이제는 아내와 아기의 앞으로의 삶에 대비해서 여러 가지 준비를 하려고 현실적인 문제에도 마음을 쓰고 있지요."

그는 젊은 아내와 함께 경로잔치에 참석해서 사람들을 놀라게 했던 이야기를 해주며 파안대소했다.

그가 들려주는 이야기는 가히 충격적이었다. 흔히 지니고 있는 결혼이라든가 육아라든가 미래에 대한 생각들이, 얼마나 우리가 만들어놓은 껍질에 불과한지가 새삼스럽게 느껴졌다.

그의 자유로운 사고에서 느꼈던 놀라움이 여성동아 당선작인 장편소설 《트루먼스버그로 가는 길》을 쓰기 시작한 동기가 되었다.

> 그를 만난 이후 나는 전보다 훨씬 더 유연하고 자유로운 결혼관을 지니게 되었다. 현재를 얼마나 소중하게 바라보아야 하는가에 대해서도 새로운 눈을 뜨게 되었다.

전에도 책을 통해 그를 접하기는 했었지만, 노철학자를 직접 만나면서 아주 짧은 시간에도 삶의 전환점이 될 만한 만남을 가질 수 있다는 사실이 새삼 놀라웠다.

인생에서는 실제로 겪은 일인데도 오래전에 등불을 켜고 걸어갔던 꿈속의 일처럼 느껴지는 일들이 있다. 내게는 그 부부와 조우했던 숲 속 집에서의 시간들이 그렇게 느껴진다.

그가 살던 트루먼스버그로 인도해주던 나무들 사이의 오솔길이 지금도 기억 한가운데 선연하다.

연애지상주의자들의 결혼관

결혼해서 상대방을 존중하지 않으면 서로 타협하기 어렵다. 거기다가 터놓고 말하지 못하거나 두 사람의 가치관이 아주 다르면 문제가 야기될 우려가 크다.

부부 사이의 가치관이 어디까지 달라도 되는 것일까. 이것은 매우 어려운 질문이다. 짐작컨대 사소한 가치관이 다른 것은 타협이 가능하지만, 본질적인 가치관이 다른 것은 묻어두고 넘어가기 힘들 것이라는 정도는 추측해볼 수 있다.

"인생에서 가장 중요한 가치는 무엇인가?"
이런 질문에 아주 동떨어진 대답이 나오는 부부라면, 사이좋게 해로하기까지 넘어야 할 산이 한두 개가 아니다.

나폴레옹에 관한 유머가 인생의 산 넘기에 관한 진실을 들려준다.

나폴레옹이 원정대를 끌고 알프스의 높은 산봉우리를 마침내 정복했다. 멋진 폼으로 아래를 내려다보던 나폴레옹은 병사들의 간이 떨어질 언급을 한다.

"이 산이 아닌게벼."

모두들 기가 막히지만 그렇다고 어쩔 것인가.

새롭게 장비를 갖추어 허위단심 산을 내려가서 곁에 있는 다른 산을 오른다.

그 힘든 과정이야말로 말로 다 표현할 길이 없다.

다른 산의 정상에 올라 먼젓번 산봉우리를 심각하게 바라다보던 나폴레옹이 한마디를 했는데, 병사들이 다 까무러쳤다는 게 아닌가.

그는 이렇게 말했던 것이다.

"저 산이 맞는게벼."

웃을 일이 아니다.

우리가 결혼해서 살다가, 이것은 내 인생이 아니라는 생각이 들어 그 모든 고난을 겪고 이혼해서 여정을 바꾸었는데, 이쪽 인생의 산에 올라보니까 저쪽 산이 더 맞는 것처럼 보인다면 어찌할 것인가.

역설적으로, 삶에서 결혼의 '중요성'을 가장 크게 보는 사람이 더 좋은 결혼을 위해 이혼을 결심할 수도 있다.

오히려 냉정한 사람은, 결혼생활에서 삶의 모든 것을 얻으려는 태도를 버리고, 결혼 이외의 것에서 못 채운 부분을 추구하기도 한다. 이것이 취미활동이나 동창회 참여, 공부일 수도 있지만, 가장 큰 문제는 혼외 관계를 갖게 되는 경우이다. 이는 얻을 것이 별로 없는 험

산에 올라가는 것과도 유사하다.

이혼 결심에까지 이르지는 않더라도, 본질적인 가치관의 충돌은 여러 가지 문제를 불러일으킨다. 제사를 지내는 것이 인간의 기본 도리라고 믿는 남편과 그것은 우상숭배라 제사를 지낼 수 없다고 주장하는 아내가 한집에서 같이 지내기가 쉬운 일은 아니기 때문이다.

인간이란 실로 신묘한 존재라서, 자기가 믿는 종교나 이데올로기 때문에 목숨을 걸기도 하고 몇 년간에 걸친 살육 전쟁을 벌이기도 한다.

성형수술을 화장의 일종이라고 보는 아내와 얼굴에 칼을 대는 것은 인간 밀종이나 하는 짓이라고 믿는 남편의 경우도 마찬가지이다. 게다가 아내가 자신의 가치관을 용감하게 현실화해서 쌍꺼풀 수술을 한 눈에 안대를 하고 아침 식탁에 나타난다면, 이것이야말로 남편에게는 일대 재난이 아닐 수 없다. 이럴 때 어떻게 "이 산이 아닌게벼"라는 한탄이 나오지 않겠는가.

연애는 불꽃처럼 일어날지 모르지만, 결혼을 결심하기 전에 일정한 기간 사귀어봐야 한다고, 경험자들이 누누이 이야기하는 것은 이런 연유에서다.

상대방에게 반해서 무아의 경지에 들어갔던 여자나 남자일수록 결혼한 후에 겪게 되는 실망이나 좌절, 환멸이 클 우려가 높다. 인간은 그런 추앙을 받아도 좋을 만큼 하루 스물네 시간을 근사하게 살지는 못하기 때문이다. 오죽하면 성자의 가르침을 따르고 싶으면 그 성자에게서 멀리 떨어져 있는 것이 제일 좋다는 충고가 있겠는가.

"정말 살아보니까 그 사람이 더욱더 좋아져요."

결혼한 후 이런 대사를 내어놓을 수 있다면 나무랄 바가 없다. 그러나 행복을 지나치게 과장해서 드러내는 부부일수록 숨은 문제가 있는 경우도 드물지 않다. 조용히 미소 지으면서 저 혼자 행복하면 되지, 그 행복을 백화점의 세일 광고처럼 옥외에 널어놓는 것을 보면, 어쩐지 좀 수상한 기미가 엿보이는 것이다.

"어떻게 만나보지도 않고 결혼들을 했을까. 너무 끔찍해요."

연애지상주의자들은 옛날 부부들이 다 불행했다고 주장하지만, 꼭 그랬던 것은 아니다. 쇼펜하우어의 말에 의하면, 인간은 종족보존을 하려는 유전자의 욕구에 휩쓸려서 맹목적으로 움직이는 것뿐이라고 한다. 그렇다면 그 맹목적인 육체의 욕구에다가 사랑이라는 크림과 초콜릿으로 치장한 케이크를 우리는 결혼이라는 이름으로 먹고 있는 셈이다.

특유의 독설과 염세주의적 사상을 내세웠던 그는 현명한(?) 사람답게 결혼하지 않고 독신으로 삶을 마쳤다. 그의 염세주의 철학에 심취한 젊은이들이 자살했다는 이야기도 있지만, 어쨌든 자신은 장수해서 특유한 철학의 결정체를 우리에게 남겨주었다.

그는 용감한 사람이었다. 남루한 삶의 실체에 메스를 대고 들여다보고 나서, 그 삶을 답습하지 않는 것은 얼마나 힘들고 괴로운 일인가.

괴테의 소설에서 젊은 베르테르가 로테에 대한 이루어질 수 없는 사랑을 비관해서 자살하자, 수많은 젊은이들이 모방 자살을 했다고 한다. 또한 〈글루미 선데이〉라는 음악은 어둡고 우울하고 무의미한 인간의 존재를 가슴 깊이 느끼게 해서 2차대전 무렵 수많은 비관주의자들을 자살로 이끌었다고 한다.

사람들이 인생의 어두운 면의 뚜껑을 열기 시작하면, 위로 올라갈 길이 없는 깊은 우물 안에 갇히기 쉽다.

> 어째서 살아야 하는가. 어째서 결혼해야 하는가, 어째서 아이를 낳아야 하는가.
> 이런 본질적인 질문에 뚜렷한 답을 내기는 어렵다. 하지만 그 모든 일들이 다 어리석다는 결론을 내리고, 그 함정을 피해 가는 것이 더 현명한 삶이라고 보기도 어려운 것이 바로 인생의 미묘한 점이 아닐까.

어째서 저 산에 올라가야 하는가.

이런 질문에 대한 대답은, 이미 돌아올 수 없는 산으로 올라가며 삶의 지도를 만들어보려고 애쓰고 있는 철학자들에게 맡겨놓는 것이 좋을 것 같다. 그들이 산으로 올라가는 지도를 만들어놓으면, 인생에 참고 정도는 해주겠다는 느긋한 여유를 지니고서 말이다.

결혼이 문학과 만났을 때

● ● ●

문학 작품에 나타나는 결혼의 양상이나 남편의 상, 아내의 상은 개인의 특성에 못지않게 문화의 영향을 받고 있다. 고전 문학작품에서 명멸하고 있는 수많은 여성들의 입장을 살펴보면, 남성들의 환상에 맞는 아내의 자리에 오르기가 결코 쉬운 일이 아니었음을 알 수 있다.

노라, 안나 카레니나, 올렌카, 맥베스 부인, 스칼렛 오하라의 결혼……

입센의 《인형의 집》의 노라는 종달새처럼 노래하는 철없고 귀여운 아내 역을 오랫동안 해왔다. 그러나 남편이 자기를 한 인간으로 존중하지 않았다는 것을 깨닫고 집을 떠난다. 이즈음 같으면 이것은 하품이 나올 만한 진부한 이야기지만, 당시에 이 희곡이 상연되었을 때 사람들의 경악과 비판은 사회를 뒤흔들었다. 아내의 자리를 스스로 박찬 여자의 이야기는 비극으로 끝을 맺어야 교훈이 완성될 텐데, 노라가 집을 떠나는 장면에서 희곡이 끝나기 때문이다.

톨스토이의 《안나 카레니나》의 안나는 브론스키와 사랑에 빠져 남편은 물론 눈동자처럼 아끼던 아들의 곁까지 떠나 이태리로 사랑의 도피행을 한다. 불행한 사랑의 전형적인 여주인공으로 알려진 안나는 마침내 모든 것을 잃고 브론스키의 사랑에만 집착하게 된다. 그리고 그의 태도가 냉담해지고 있다는 느낌에 절망하여 달려오는 열차에 투신하여 목숨을 끊는다. 이 소설은 결혼한 후 다른 남자에게 끌리는 아내들에게 기차에 뛰어들고 싶지 않으면 조심하는 것이 좋다는 상당한 교훈을 주었다.

체홉의 《귀여운 여인》의 올렌카는 언제나 남편처럼 생각하고 느끼고 감동한다. 그녀는 희로애락을 완전히 남편에게 맡기고 그림자처럼 따라가는 여인의 전형으로 나타난다. 극장주인 남편과 살 때는 연극이 가장 중요해 보이고, 목재를 다루는 상인과 살 때는 세상에서 가장 중요한 것은 목재라고 믿는다. 두 번째 남편도 잃고 삶의 모든 희망과 의견을 잃었던 올렌키는, 집에 익숙했던 수의사와 가까워지면서 동물들의 처우가 매우 중요하다는 의견을 갖게 된다. 그녀는 당시 남편들이 바라던 영원한 아내의 상 가운데 하나였다.

셰익스피어의 《맥베스》의 맥베스 부인은 권력에 눈이 어두워 남편의 일생을 피로 물들이게 하는 권력욕의 화신으로 나온다. 순종적인 아내들과 달랐던 그녀는 남편을 통해 막강한 권력을 행사하려다가 마침내 죽음으로 비참한 종말을 맞는다. 분수를 모르고 날뛴 아내에게 작가가 죽음이라는 처벌을 내린 것은 당시로서는 당연한 일이었다.

실제 역사에서 영국의 엘리자베스 여왕이나 러시아의 여제 예카테리나 같은 힘이 넘치는 여걸들은 남자 애인들을 곁에 두었지만, 결혼하지는 않았다. 두 사람 다 자신이 아내의 역할을 하기에는 맞지 않는다고 판단했던 것이다.

마가렛 미첼의 《바람과 함께 사라지다》의 스칼렛 오하라는 세 번이나 결혼하지만 한 번도 진정한 아내였던 적이 없다. 마침내, 작가는 스칼렛을 아내의 자리에서 내려오게 한다. 세 번째 남편인 레트가 이제는 지쳤다면서, 당신이 어떻게 되든 나는 상관하지 않겠다고 말하고는 안개 자욱한 길로 아주 사라져버렸던 것이다.

고전 문학에 나타나는 여성들의 삶의 묘사에서 결혼의 함축적인 의미를 찾아보는 것은 흥미롭다. 사람들이 오랫동안 얼마나 숭고한 반석 위에 아내의 자리를 마련해왔었는지가 면면에서 드러난다. 아이러니하게도, 그렇다고 아내의 실질적인 위치를 높게 자리매김한 것도 아니다.

허영 때문이든, 불륜 때문이든, 방종 때문이든, 지나친 권력욕 때문이든 간에 아내의 위치에 합당한 행실을 하지 않은 여자는 음으로 양으로 문학작품에서 어마어마한 단죄를 받아왔다.

문학은 시대에 따른 인간정신의 다양성을 보여주며 총체적 인간관을 제시하고 있다. 문학의 바탕에는 개인적 체험을 비롯해서 사람들의 소망이 함께 자리 잡고 있기 때문에, 실제 사회의 양상과 사람들의 생각하는 방식이 문학의 출발점이 된다. 결국 문학은 그것이 속한 시대와 사회를 벗어나지는 못한다.

이에 따라 문학은 당대의 상상력과 연결되어 남성들이 바라는 아내의 입장에 맞지 않는 여자에게 고독이나 소외, 따돌림이나 죽음이라는 가혹한 처벌을 내려왔다. 이제 어떤 아내상이 앞으로 문학작품에 등장할지 궁금하다.

결혼하지 않은 여자나 이혼한 여자들이 현대소설에 빈번히 등장하는 것도 바로 아내상의 정립에 심각한 어려움을 겪고 있기 때문이 아닐까.

3

나 자신과 배우자의 거리에 관한 검색

함께 서 있되 너무 가까이 서지 말라 ♥ 결혼, 그 전과 후 ♥ 내 바스켓에 담긴 결혼이라는 빵 ♥ 똑같은 색으로 칠해버렸답니다 ♥ 잠들지 못하는 공주 ♥ 드러내기와 감추기 ♥ 부부 싸움해도 각방 쓰지 말라는 말의 이유 ♥ 남편의 감기몸살과 아내의 감기몸살 ♥ 결혼의 초상

함께 서 있되 너무 가까이 서지 말라

결혼에서 비롯된 불행을 호소하는 사람들과 이야기를 나누면서 많은 생각을 해보게 된다.

'어떤 점이 불행의 그림자가 드리우게 된 최초의 원인이었을까.'

"왜 결혼했는가." 하는 질문에 대해, "사랑 때문이었다"고 대답하는 경우가 많다. 하기야 우리의 삶에 사랑이 없다면 인간의 영혼은 그대로 시들어서 소멸해버릴 것이다.

과연 남녀 간의 낭만적인 사랑은, 그토록 절대적인 것이면서도 시간이 흐르면서 기울어갈 수밖에 없는 것일까.

사랑의 꿈으로만 채색된 결혼도 문제의 소지를 안고 있지만, 너무 현실감만 앞선 결혼도 우리를 씁쓸하게 만든다.

옛날 바빌론에서는 아주 재미있는 결혼 풍습이 있었다고 전해진다. 일 년에 하루, 국가적으로 결혼하는 날이 있었다. 그날이 오면 미혼인 남자와 여자들이 한자리에 모여서 대대적인 신붓감 경매에 들어갔다.

우선 가장 아름다운 여자부터 경매에 들어가는데, 가장 높은 가격을 지불하겠다는 남자가 그 여자를 차지하게 된다. 여기에도 엄격한 규율이 있는데, 반드시 그 자리에서 법적으로 아내로 맞아들여야 하는 것이다. 슬슬 데리고 놀다가 나중에…… 이런 엉큼한 생각은 어림도 없어 법의 제재를 받게 되어 있었다.

그렇게 가격을 정하다가 용모며 태도가 중간쯤 되는 여자들의 차례가 오면, 남자가 따로 돈을 내지 않고도 원하는 여자와 결혼할 수 있었다고 한다.

흥미 있는 것은 조건이 좀 떨어지는 여자들이었다. 아무도 신붓감으로 데려가려고 하지 않는 여자는 국가가 돈을 내주고 신부로 데려가게 했다는 것이다. 마치 수주를 받을 때 입찰하는 식이었는데, 가장 적은 돈을 받고 그 여자를 신부로 데려가겠다는 남자에게 내주었다. 그 재원은 처음에 아름다운 여자들을 신부로 내주고 받은 돈에서 충당했다고 한다. 이렇게 해서 결혼하기를 원하는 남녀들은 그날이 지나가기 전에 거의 다 짝을 고를 수 있었다.

더 흥미로운 것은 이렇게 결혼한 사람들이 대체로 큰 불만 없이 잘들 살았다는 점이다. 개성이니 사랑이니 언약이니 하는 이야기를 목숨처럼 믿고 있는 현대인들에게는 말도 안 되는 허황한 소리로 들릴지 모른다.

아닌 게 아니라 현대에 와서도 알려진 미녀들이 결혼한다는 소식 다음에 그 신랑감이 누구인가 알아보면, 대체로 재력이 상당한 사람들이다. 이런 경우, 경매는 아니겠지만 가장 많은 것을 지불하겠다는 입찰자에게 미녀가 결혼을 허락하는 측면이 전혀 없다고만 보기도 어렵다.

돈을 주지도 받지도 않고 결혼하는 선남선녀들은 무난하고 평범하게 살아가는 사람들일 것이다. 큰돈도, 대단한 미모도, 넘치는 욕심도 없는 소박한 사람들의 결혼이다.

지금은 좀 잦아들었다지만, 마담 뚜가 한창 극성을 부릴 때는 판사나 의사 같은 신랑감에게 시집가려는 돈 많은 집 딸들이 줄을 섰다. 돈을 가장 적게 받고 신부를 데려가겠다는 신랑감을 고른 것과 비슷하지 않은가.

역사란, 어떤 의미로 외양만 달리해서 돌고 도는 것일지도 모른다. 신성한 결혼을, 어떻게 그런 식으로…… 사귀어보지도 않고 사랑하지도 않으면서…… 이렇게 열을 내는 순정파나 순수파도 있을 수 있다.

그렇지만 문화라는 것은, 야만이라고 부르던 어떤 부분을 살짝 다른 방식으로 포장한 것이다. 이런 점을 전적으로 외면하려고만 들면 어떤 상황이든 속속들이 이해하기는 어렵다.

우리나라에서도 옛날에는 결혼 당일까지 신랑 신부가 서로 얼굴조차 모르는 경우도 비일비재하지 않았던가. 그래도 사이좋게 산 부부가 많았던 것은 사실이다.

어떤 사람은, 젊은 남녀가 아무나 만나 서로 좋아질 수 있는 확률이 60퍼센트 이상이라고 공언하기도 한다. 어차피 남자나 여자가 지구상에 있는 모든 이성을 한 줄로 세워놓고 배우자를 고르는 것도 아니지 않느냐는 것이다. 그러니 우리나라 노인네들이 살다 보면 이럭저럭 정이 들게 마련이라고 주장하는 말에도 일리는 있다.

그렇지만 날로 각박해져가는 현대사회에서 결혼하는 사람들의 첫째 소망은, 자신만을 사랑하고 존중하며 필요한 존재라고 느끼게 해주는 배우자를 만나는 것이 아닐까.

결혼생활의 불화라는 것도, 따지고 보면 이런 소망들이 이루어지지 않을 때 배우자에게 화를 내는 것이다.

'여성이 자신의 자아를 그대로 지키면서 결혼하는 것이 과연 가능한 일일까.' 하는 질문이 대두되는 이유도 여기에 있다. 여성들은 개성을 중시하는 삶이 가능한 결혼을 원하기 시작했지만, 시집의 문화에 융화되기를 바라는 대가족의 풍습은 아직도 그 그림자를 짙게 드리우고 있기 때문이다.

자아의 추구란 구체적으로 무엇을 의미할까.

인간의 실질적인 행복과 불행을 주관한다는 자아에 관한 질문을 던져본다면, 답변이 그렇게 간단하지만은 않다.

이제 원하건 원하지 않건 여성들은 남성의 그늘에 숨어 있기만 하면 안전하던 시대에 살고 있지 않다.

미혼인 사람들, 특히 여성들은 결혼을 앞두고 '나는 과연 이 결혼에서 무엇을 원하고 있는지' 자신에게 차근차근 물어보아야 한다. 그리고 '배우자가 될 사람이 원하는 것은 무엇인가'도 곰곰이 생각해보는 것이 좋다.

만약 자신이 원하는 것이 막연하게 행복한 인생이라면, 자신이 어떤 인생을 행복한 인생이라고 생각하는지, 그리고 이 행복한 인생을 영위할 만한 힘이 배우자뿐 아니라 자신에게도 있는지 물어야 한다.

전통적인 사회에서는 특별한 경우가 아니면 누구나 다 짝을 지어야 했고, 여성은 결혼할 때 원하는 것이 많아서는 안 되었다. 결혼하는 순간부터 여성들에게는 해야만 할 일과 해서는 안 될 일들의 목록이 줄줄이 늘어서 있었다. '무엇을 원하는가'라는 질문에서 시작되는 자아의 추구는 가능하지 않은 일이었다.

이제 여성의 자아 추구가 예전보다는 가능한 시대에 이르렀지만, 아이러니하게도 이혼이 더 만연하고 있다. 진정으로 원하는 삶에 대한 깊이 있는 성찰이 부족한 상태에서 쉽게 맺은 결혼의 인연은, 개인을 중시하는 현대사회에서 깨어지기가 쉽다.

그와 반대로 자신의 자아에만 너무 집착해서 사랑하는 사람을 만났음에도 불구하고 인연의 맥을 잇지 못하는 경우도 생긴다.

가만히 나무 아래 누워 있으면 내가 원하는 열매가 저절로 떨어지는 법은 없다. 인생에서 원하는 일들만 일어나지는 않기 때문에 인간의 갈등과 번민 또한 시작되는 것이다. 바로 이런 갈등을 헤쳐나가기 위해서 확고한 자아인식과 타인에 대한 이해가 필요한 것이 아닐까.

결혼한 후, 함께 있되 홀로 개성을 추구하는 여유도 누리고 싶다는 바람은 어느 정도 이루어질 수는 있을 것이다. 하지만 모든 자유를 요구하면서 배우자에 대한 배려 없이 자신이 원하는 것만 주장하는 사람이 참된 자아를 찾기는 힘들다.

칼릴 지브란의 〈사랑과 결혼의 시〉는 이러한 딜레마에 관한 격조 높은 지혜를 담고 있다.

그러나 그대들이 같이 있음에 공간이 있게 하라.
하늘의 바람이 그대들 사이로 춤출 수 있도록
서로 사랑하라.
그러나 사랑의 구속을 만들지 말라.
그대들 영혼의 해변에 출렁이는 바다가 있게 하라.
상대방의 잔을 채워주되 한 잔으로 마시지 말라.
당신의 빵을 상대방에게 주되 같은 빵을 서로 먹지 말라.
같이 노래하고 춤추며 즐거워하라.
그러나 각자는 혼자 있도록 하라.
마치 거문고의 줄이 같은 음악을 따라 움직이면서도 혼자 있는 것과 같이
너의 마음을 상대방에게 주되, 상대방이 소유하지 않게 하라.
생명의 손만이 너의 마음을 완전히 소유할 수 있으니
같이 서 있되 너무 가까이 서지 말라.

성전의 두 기둥은 서로 떨어져 있으며
전나무와 사이프러스 나무는 상대방의 그늘에서 자랄 수 없다.

결혼, 그 전과 후

● ● ●

옛날이야기에 나오는 떡장수 할머니는 고개 하나를 넘을 때마다 호랑이에게 하나씩 떡을 빼앗긴다. 그러다가 마침내 한 광주리의 떡을 다 빼앗기고 만다.

살면서 우리도 고개를 넘을 때가 많다. 기쁜 고개일 수도 있고 슬픈 고개일 수도 있다. 진학, 취직, 결혼, 출산, 사별 등등 고갯길은 많기도 하다.

고개 하나를 넘을 때마다 떡장수 할머니처럼 무언가 하나씩 넘겨주어야 고개를 넘을 수 있다. 관념적으로 보자면 한 고개에서는 순수를, 다음 고개에서는 낭만을, 그 다음에는 꿈을…… 이렇게 넘겨주면서 허위단심 오누이가 기다리는 집으로 향해 가고 있는 중인지도 모른다. 이 오누이는 마침내 호랑이를 피해 하늘로 올라가 해와 달이 되는 것으로 이야기는 끝을 맺는다.

인생의 마지막 단계인 사망에 이르러서야 우리는 겨우 고개 넘기를 멈추는 셈이다. 사람들이 어렴풋이 상상하는 천국이나 극락은 아마도 고개 없는 삶일 것이다.

그중에서도 특히 결혼은 인생에 가장 큰 고개이다. 결혼과 더불어 많은 변화가 나타난다. 성공적인 결혼이 되려면 사소한 습관에서부터 대인관계의 네트워크까지 아주 많은 일들에 현명한 조절이 필요하다. 무엇을 내주고 무엇을 얻느냐의 일대 갈림길에 서게 되는 것이다.

현대 젊은이들이 총명한 머리로 이리저리 합산해보아서 어쩐지 얻는 것보다 잃는 것이 많아 보이는 결혼이 선뜻 내키지 않는 이유가 여기에 있다.

문명이 발달한 선진국에서부터 미개한 아프리카의 오지까지 탐사하면서 인류학자들이 내린 결론 가운데 하나는, 아무리 다른 형태로 살고 있어도 두 가지 측면에서는 공통점을 보인다는 것이다. 바로 가족을 구성하고 있다는 점과 지도자가 있다는 점이다.

모든 인류가 유지하는 구조인 가족을 구성하는 첫걸음은 두말할 것도 없이 결혼이다. 이처럼 중차대한 일을 결정하는 데는 수많은 갈등이 따라올 수밖에 없다. 남녀가 서로 좋아서 만나 데이트하면서 차를 마시고 영화를 보는 차원에서 보다 더 높은 고갯길로 올라가야 하니까 말이다.

결혼하고 싶지만 기피하고도 싶은 갈등, 좋아하는 사람 중에 하나만 골라야 하는 갈등, 혹은 별로 좋아하지 않는 사람 중

3. 나 자신과 배우자의 거리에 관한 검색

에 하나를 골라야 하는 갈등은 보통 험한 고갯길이 아니다.

우리가 어떤 사람과 결혼하겠다고 결심하기까지 겪는 갈등 중에는 다양한 유형들이 있다.

그중 하나는 좋아하는 사람들 중에서 하나만 골라야 하는 갈등이다. 두 사람이 다 좋아서 한 사람만 결혼 대상자로 고르기가 난감한 경우가 여기에 속한다. 청소년들이 자장면을 먹을지 짬뽕을 먹을지 결정을 못하니까, 중국집에서는 그릇 한가운데를 막고 두 가지 음식을 함께 담아 팔기도 한다. 짬자면은 짬뽕과 자장면을 한 그릇에 담은 것이고, 우자면은 우동과 자장면을 한 그릇에 담은 것이다. 신랑감이나 신붓감도 이렇게 둘씩 셋씩 함께 결혼할 수 있다면 드라마의 삼각관계가 가볍게 해소될 전망이 보인다. 물론 그 다음에 생기는 문제를 염두에 두지 않는다면 말이다.

다른 하나는 어떤 일을 하고 싶으면서도 동시에 기피하고 싶은 경우이다. 그 사람과 결혼하고 싶지만 여러 가지 이유로 기피하고 싶은 마음도 함께 들어서 결심이 어려운 갈등이 여기 속할 것이다.

그중에서도 가장 심각한 스트레스를 주는 갈등은 별로 좋아하지 않는 사람들 중에서 덜 싫은 사람을 골라보려고 애쓰는 경우이다. 우리가 선거철에 마음에 안 드는 후보들 중에서 조금이라도 덜 싫은 후보 고르느라고 애먹을 때 받는 것과 같은 스트레스다.

어떤 학자는 특정 상황의 스트레스에 점수를 주고, 전체를 합산해서 누적된 스트레스의 영향력을 측정하고 있다. 인생의 고개 높이를 객관화해보려고 시도한 것이다.

이 수치는 가장 높은 스트레스로 보이는 배우자의 사망을 100점으로 놓고, 이것과 비교해서 다른 상황에서 일어나는 스트레스에 점수를 준 것이다. 그런데 결혼에 주는 스트레스 점수가 자그마치 50점이었다. 이쯤 되면 결혼하는 신랑 신부가 행복의 절정에 이르렀느니, 꽃밭에서 노니는 것 같을 거라느니 하는 말이 무색할 지경이다. 아닌 게 아니라 이즈음에는 결혼을 추진하다가 그 스트레스를 견디지 못하고 그 과정에서 파경에 이르는 커플도 상당히 많다.

아무튼 현재 겪고 있는 스트레스 점수를 합산해서 150점 이하를 받은 사람은 건강하게 지내는 경향이 있었으나, 300점 이상인 사람의 70퍼센트는 병이 났다고 보고되고 있다.

아직까지는 결혼 후에 여자가 낯선 문화에 더 순순히 적응해야 한다고 암암리에 강요받는 입장인 경우가 많다. 결혼 전과 결혼 후에 받는 스트레스가 남녀 어느 쪽이 더 높은가를 일괄적으로 계산해본다면, 흥미 있는 결과가 나올 것이다. 남자들은 결혼 전의 스트레스가 더 높고 여자들은 결혼 후의 스트레스가 더 높은 것으로 나올 가능성도 있다.

남녀 모두 결혼 전이나 후에 자신의 스트레스 수치가 150점 이상으로 태연하게 올라가고 있으면, 건강한 대처방법을 찾아보아야 할 것이다. 무슨 문제든지 예방이나 조기 치료를 하는 것이 예후가 가장 좋다는 것은 병에만 관련된 이야기가 아니다.

내 바스켓에 담긴 결혼이라는 빵

●●●

우리 동네 광장에는 여러 가게와 나란히 '브레드 바스켓'이라는 빵집이 서 있다.

이 이름을 우리말로 바꾸면 '빵 바구니' 정도의 뜻이 되지 않을까 싶다. 이 집에서는 아침부터 하루 종일 갖가지 빵을 만들고 날이 저물면 우윳빛의 환한 백열등을 켜놓는다. 빵집 앞에는 철 따라 아기자기한 진홍빛이나 보랏빛, 황금빛 작은 꽃이 피는 화분들이 놓여 있다. 윗부분을 산처럼 부풀린 식빵 모자를 쓴 아저씨 동상은 빵이 수북이 담긴 바구니를 한 팔에 낀 채 문 앞에서 함빡 웃고 있다.

그 앞을 지나가며 갓 구운 빵 냄새를 맡을 때면 어쩐지 들어가서 안부도 묻고 크고 작은 빵을 몇 개라도 사고 싶은 느낌이 든다. 가끔 저녁 산책을 나갈 때면 그 빵집 앞을 일부러 지나가게 된다. 그러면서 불현듯 각박한 도시의 한 귀퉁이가 빵 굽는 사람과 신기료장수, 옷 짓는 사람들의 가게가 이마를 맞대고 늘어선 옛 마을로 변해버린 듯한 정취에 젖기도 한다.

날이 저물면 가게 안과 밖에 동시에 우윳빛 불이 켜지는 '브래드 바스켓'의 풍경은 고향을 상실하고 사는 아파트촌의 사람들에게 고향의 느낌을 불어 넣어주는 것 같다.

"눈물 젖은 빵을 먹어보지 않은 사람은 인생을 알지 못한다"는 괴테의 이야기에서 연상되는 것처럼, 빵집은 고향의 따뜻한 불빛을 상실하고 떠도는 사람들의 그림자를 상기시켜 준다.

원래 그 자리에는 다른 빵집이 있었다. 그 집 주인은 상당한 지식인처럼 보이는 조용하고 말 없는 중년남자였다. 그는 언제나 신문이나 책을 읽고 있었는데, 그 빵집에 들어서면 어쩐지 독서를 방해한 침입자 같은 마음이 들었다. 그래서 얼른 빵을 사 가지고 나오고는 했다. 언젠가는 들어가려다가 그 사람이 책을 읽고 있어서 그저 지나치는 경우도 있었다. 그는 진열장에 놓여 있는 빵에는 큰 관심이 없어 보였다. 좋은 사람 같다는 느낌은 들었지만 장사에 맞는 사람은 아닌 듯했다.

자연히 손님이 줄어 빵집을 다른 사람에게 넘겨주게 되었다. 새 빵집 주인은 마치 요술을 부리듯 그 장소를 누구나 들어가 보고 싶은 곳으로 바꾸어놓았다.

처음에 새로 빵집이 들어선다면서 대대적으로 수리를 시작하자, 동네 사람들은 과연 저렇게 돈을 들이고 흑자를 낼 수 있을까 우려했다. 그런데 모든 예상을 뒤집어엎고 이 빵집은 동네 사람들을 끌어모으기 시작했다. 이제는 다른 아파트 단지에서도 빵을 사러 먼 길

3. 나 자신과 배우자의 거리에 관한 검색

을 돌아 여기까지 온다.

　나무 선반 위에는 갖가지 모양의 나무 바구니가 놓여 있다. 바구니마다 먹음직한 둥근 빵, 작은 빵, 네모난 빵, 갖가지 속이 든 빵, 갸름한 크로아상 등이 담겨 있다. 그 사이로 겉을 두껍게 구운 유럽식 빵과 겉을 얇고 부드럽게 구운 미국식 빵이 고개를 내민다.

　새삼스럽게 장사는 다른 어떤 것보다도 정성이 담긴 사람의 손과 마음이 하는 것임을 느끼게 해주는 집이다.

　지나가다 유리창 안을 들여다보면, 젊고 명랑한 아가씨가 늘 손님을 응대하고 있다. 안에 들어서면 주인의 장모라는 온화하고 자그마한 할머니 한 분이 빵을 담아주면서 이런저런 세상 돌아가는 이야기를 들려준다. 어쩌다 늦은 밤에 들르면, 주문한 빵 말고도 다른 빵을 한두 개씩 옛날 할머니들이 삶은 옥수수 살 때 덤을 주듯 담아주기도 한다.

　물건들을 깔끔하면서도 균형 있게 배열하는 재능이 별로 없는 나는 그 집의 바구니들을 볼 때마다 감탄한다. '아, 같은 물건을 이렇게 담을 수도 있구나.' 하는 생각이 새삼스럽게 든다.

　빵에는 이스트로 서서히 발효시키는 발효 빵과 베이킹파우더를 써서 급히 부풀리는 무발효 빵이 있다고 한다. 그런데 온도가 높거나 시간이 지나치게 경과하면 빵 속의 결이 불균형하게 된다는 점이 흥미롭다.

　결혼의 괴로움에 시달리는 사람들과 이야기를 나눌 때, 이 결혼을 빵으로 비유해본다면 발효 빵일까 무발효 빵일까 하는 생각을 해본다. 어디서부터 빵이 제대로 구어지지 못했을까 추측도 해본다. 온도를 못 맞추었던 것일까, 시간을 조절하지 못했던 것일까.

이즈음 젊은 사람들이 흔히 입에 올리는 '사랑'은 무발효 빵처럼 신속하고 빠르지만 깊고 은근한 맛이 없다. 결혼한 부부가 쉽게 사랑의 소멸을 이야기하는 이유도 여기에 있는 것이 아닐까 싶다. 우리나라 사람들이 옛날부터 결혼의 실체로 파악해왔던 '정'은 서서히 발효시키는 발효 빵과도 같다.

결혼한 사람들은 저마다 자기의 일상을 담을 바구니들을 들고 인생이라는 시장에 나선다. 결혼생활을 해나가면서 조심스럽고 꼼꼼하게 하나씩 하나씩 무언가를 담는 사람도 있을 것이고, 아무거나 손에 잡히는 대로 주워 담는 사람도 있을 것이다. 가끔씩 바구니를 훌훌 털고 새 물건으로 바꿔 담거나, 아예 바구니 자체를 버리고 새 바구니로 바꾸듯 인생의 방향을 바꾸는 사람도 많이 만나보게 된다.

영화 〈이보다 더 좋을 수는 없다〉에서 주인공인 작가 '멜빈 유달'은 도저히 극복하기 어려운 강박 증세를 지니고 있다. 그러다가 아이를 데리고 혼자 열심히 살아가는 식당의 웨이트리스에게 마음이 끌린다. 자기 인생의 바구니에 어떤 형태로든 가까운 인간관계가 담기는 것을 두려워하며 기피하던 그가 조심조심 사랑을 담아보려고 애쓰는 장면이 애처롭기도 하고 마음이 찡하기도 하다.

여자는 자기를 좋아한다면서 뒷북을 치거나 이상한 태도를 보이는 남자에게 화를 내지만, 그의 어색한 행동 뒤에 숨은 진심에 마침내 마음이 움직인다.

멜빈과 여자가 서투르지만 따뜻한 포옹을 나눈 후, 갓 구운 빵의 향기가 화면 밖으로 흘러나올 것만 같이 환한 새벽 빵집으로 들어서는 마지막 장면은 여러 가지 의미로 흥미롭다.

그 장면이야말로 이제 그가 인생의 '브레드 바스켓'에 결혼이든, 연애든 담을 준비가 되었다는 비유처럼 느껴지지 않는가.

똑같은 색으로 칠해버렸답니다

옛날 어느 나라에 공주가 있었는데, 자기 욕조의 푸른색이 미치도록 마음에 들었다. 공주는 온 나라에 방을 내걸어 그 욕조와 똑같은 색으로 자기 방을 칠해주면 막대한 상금을 주겠다고 했다. 많은 사람들이 몰려왔지만 번번이 실패했다. 공주가 같은 색이 아니라고 주장했던 것이다.

그런데 기난히고 별로 알려지지도 않은 젊은 페인트공이 나타나 이 일에 성공했다. 공주는 말할 수 없이 기뻐하면서 어마어마한 상금을 내렸다. 뭐라고 트집을 잡을 수 없을 만큼 똑같은 색깔을 내주었기 때문이다.

어떻게 해도 똑같은 색깔을 낼 수 없었던 나이 든 페인트공이 그 젊은이에게 은밀하게 물었다. 누구에게도 말하지 않을 테니 비결을 가르쳐달라고 조르자, 젊은이는 비밀을 알려주었다. 그 욕조와 완전히 똑같은 색을 만드는 것은 불가능해서 자기가 만들어낸 푸른색으로 방은 물론 욕조까지 다시 칠해버렸다고 실토했다. 그러자 완벽하게 같은 색이 되어버렸다는 것이다.

유교시대의 결혼은 여자가 시집에 들어가서 그 집과 똑같은 색깔을 지니도록 강요받는 제도였다.

그 집안의 법도, 가훈은 말할 필요도 없고 김치에 넣는 소금의 양, 젓갈의 종류, 밥의 질기와 되기까지도 시집에 철저하게 동화되어야 했던 것이다. 그 과정이 얼마나 호되고 혹독했던지 눈물이 쑥 빠질 지경이었다.

오죽하면 귀머거리 삼 년, 벙어리 삼 년, 장님 삼 년을 지내야 살아남을 수 있다는 시집살이의 비결을 친정어머니가 딸의 손을 잡고 목이 메어 일러주었을까. 그 친정어머니도 아들을 둔 시어머니였을 텐데, 고부간의 갈등이 존속해 내려온 것을 보면 인간관계란 참 풀기 어려운 숙제가 아닐 수 없다.

어쨌든 친정어머니는 그 집과 똑같은 색깔이 되지 못하면 도저히 살아남을 수가 없다고 가르쳐주었던 셈이다. 하지만 이제 사람들은 개성을 주장하는 시대에 살게 되었고, 결혼하면 시집과 똑같은 색깔을 지녀야 한다고 주장하는 사람들을 일괄적으로 고물로 취급하는 시대가 도래했다.

성정이 강한 며느리는 시집의 색깔을 받아들이기는 고사하고 시집을 자기 색깔로 다시 칠하려고 드는 경향까지 생기기 시작했다. 한 집안에서 옛 가치를 따르는 시어머니라는 페인트공과 새 가치를 따르는 며느리라는 페인트공이 붓을 들고 대결하게 되었던 것이다. 여기에 이 대결의 심판이 되겠다고 아들까지 가세하면 점입가경이 된다.

시집 식구들이 하나같이 너무 싫어서 '시' 자가 든 시금치도 안 먹는다는 이야기를, 젊은 여성들이 모여 농담처럼 공공연하게 말하는 판이다. 그럴 때 나이 든 사람들은 "왜, 뽀빠이를 보니까 시금치를 먹고 기운만 잘 내던데……." 어쩌고 하면서 어물어물 넘어가는 수밖에 없다.

현대 젊은이들 사이에서는 시집은 시집이고 우리 부부의 색깔은 우리 개성대로 하고 싶다는 주장이 확산되고 있다.

며느리 시리즈 중 이런 이야기가 있다. 가장 좋은 시어머니 순위 정하기이다. 우선 집에 자주 오지 않는 시어머니가 좋다, 먹을 것을 가지고 왔으면 그것만 놓고 빨리 돌아가는 시어머니가 좋다, 그 다음은 아예 집에 올라오지 않고 경비실에 음식을 맡기고 가는 시어머니가 좋다, 그것도 경비한테 눈총받기 싫으니까, 지금 우선순위 일 번은 택배로 먹을 것을 부치고 나타나지는 않는 시어머니다.

이런 시리즈를 듣고 열이 펄펄 나기 시작하면 장수하기 어렵다. 앞으로 더욱 기발하고 획기적인 시리즈가 나올 텐데, 이 정도로 쉽사리 무너져서야 건강 유지가 되겠는가. 원래 이런 것은 현실적으로 억압받고 있는 집단이 만들어내는 법이다. 그 이야기를 전파하기 위해서는 당연히 과장이 심하기 마련이다.

집안의 일꾼이 되려는 며느리를 기다리는 시어머니의 품으로 달려와 달랑 안겨서, "어머님, 제가 귀머거리 삼 년, 벙어리 삼 년, 장님 삼 년을 살러 왔어요." 하고 말할 젊은 여자들은 이제 더 이상 없다.

일전에 모임에서 어떤 부인이 이제 며느리를 얻어야 하는데 시집을 존경하고 섬기도록 다정하게 가르쳐줄 생각이라고 말했다. 페인트 붓을 한 손에 쥐고서 며느리를 만나기만 하면 칠하려고 벼르고 있는 것 같아 보여 은근히 걱정이 되었다.

내가 그 페인트 통을 버리라고 말해보았자 들을 리 없다. 그 페인트 색깔을 온갖 공상을 해가며 조합해놓았을 텐데, 칠해보지도 않고 그만둘 수는 없을 것이다. 문제는 시어머니가 그토록 화려한 색깔의 페인트 통을 들고 있는 한 아들이 장가가기는 점점 더 어려워진다는 데 있다. 그런대로 방법이 있다면 페인트 통을 뒤 베란다에 숨겨놓았다가 서서히 꺼내는 방법인데, 이것도 미래를 보장하기는 어렵다. 자기가 시부모님에게 한 대로 며느리에게 대접받기를 바란다면 좀 무리한 기대가 아닐 수 없다.

이제 구세대 시어머니가 할 수 있는 일은, 꿈에서 깨어나서 정화수를 떠놓고 집안의 빛깔을 다시 칠하려는 며느리가 들어오는 것만은 막아달라는 현실적인 기원을 하는 정도가 아닐까 싶다.

"가풍 좋아하네."

이런 기세의 며느리가 나타나면 정말 큰일이 아닌가.

세상은 눈이 돌 지경의 속도로 달려가고 있는데, 자녀의 결혼을 보는 부모의 가부장적인 관점이 그대로 남아 있다면 예기되는 것은 갈등뿐이다.

정말 중요한 것은 새로 들어오는 식구를 한 인간으로서 예의와 정성을 다해 맞아들이는 것이다.

그리고 대학이나 직장에서 새내기들에게 오리엔테이션을 하듯이, 이 집안에서 해야 할 일과 하지 않아도 좋은 일들에 관해 솔직한 마음으로 들려주는 것도 도움이 된다. 며느리라는 이름 대신 유머러스하게 우리 집 새내기라든가 신입생이라고 불러도 좋을 것이다.

잠들지 못하는 공주

오랜만에 먼 친척에게서 전화를 받았다. 몇 해 전 아주 부유한집 딸을 며느리로 얻어 주위의 부러움을 독차지했던 사람이었다.

붙임성 있고 사람을 잘 따르는 며느리가 귀엽기는 하지만, 처녀 시절의 공주병이 그대로 있는 것 같아 내심 불안하다고 그녀는 하소연했다.

부유한 친정에서는 막내인 이 딸을 귀여워해서 결혼한 지금도 아낌없이 돈을 내준다고 했다. 세 살 된 아기를 위해 친정에서 보내준 입주 가정부까지 있어, 며느리는 놀러 다니느라고 집에 있는 경우가 드물다는 이야기였다. 그러다가도 갑자기 살림을 해야겠다는 기특한 생각이 들 때면 감당할 수 없는 분량의 물건들을 쇼핑한다는 것이다.

아들 집에 가서 무언가 사주고 싶어도 그 소비 수준을 따라갈 수 없어 감히 엄두도 못 내고, 오히려 남아돌아가는 고기며 값비싼 생선들을 주는 대로 가져오기가 바쁘다고 그녀는 말했다. 뭐 나쁠 것 없다고 생각하려 애도 써보고, 풍족한 물질에서 풍족한 성격이 길러질 거라고 자위하려고 노력도 해보았다고 했다.

결정적인 문제는 아들이 매일 출근해서 받는 월급이 아내의 용돈에도 못 미치는 실정에 이른 데 있었다. 이제 소비를 줄이고 자기 수입 범위 내에서 살자고 아내를 달래고 설득도 해보았지만,

"뭘 가지고 그래. 돈은 내가 다 알아서 하는데…… 자기는 그냥 가만히 있기만 하면 되는데……."

이렇게 애교를 떨면 더 이상 뭐라고 못하고 주저앉고 만다는 것이었다.

아내가 아이도 살림도 제대로 돌보지 않는 소꿉친구 수준에 머물러 있으니 아들의 고민은 점점 심각해졌다. 여유 있어도 근검절약하는 어머니와 살던 아들은 도저히 상상하기 어려운 문화에 부딪친 셈이었다. 처갓집에서 사준 큰 아파트에 들어앉아 방마다 쌓이는 비싼 물건들을 볼 때면 도저히 자신의 존재 의미를 찾을 수 없다며 화를 낼 때가 많다고 했다.

인생이란 산 넘어 산이고 한 고비를 돌 때마다 무슨 일이 닥칠지 모르는데, 아무리 돈이 많지만 그러고 살아도 되는 건지 묻는 그녀의 얼굴에는 근심이 가득했다. 사람들에게 의논을 하면 첫마디가 끝나기도 전에,

"아유, 복에 겨워서 그러시지. 별게 다 문제네요."

하며 맞받아치는 바람에 말을 꺼내기도 어렵다고 했다.

농경시대에 태어난 그녀는 열심히 일하고 절약하며 아이를 돌보는 것이 주부의 의무라고 믿고 있지만, 정보화시대에 자

라난 며느리는 전혀 다른 견해를 지니고 있었다.

그 차이를 어떻게 극복하는지 알아보기 위해 우리나라 60대 전후 사람들에게 큰 관심을 보이는 외국 인류학자들도 있다고 한다. 너무 빨리 경제개발이 진행되는 바람에 농경시대에 태어났지만 산업화시대를 거쳐 정보화시대에 살게 된 세대이기 때문이다. 안정된 삶을 산다는 것은 한 시대정신을 따라 살다가 그 인생관을 그대로 자손들에게 물려줄 수 있다는 이야기이다. 그런데 한 시대정신이 바뀌는 과정도 적응하기 어려운데, 두 시대정신을 건너뛰며 수용하려니 힘에 벅차지 않을 수 없을 것이다.

하기야 이 며느리가 살아가는 방법은 정보화시대의 젊은 여자들이 바라는 삶을 따라가는 것일 뿐일 수도 있다. 쾌적하고 자유로운 환경에서 마음껏 즐기고 누리는 것이 가장 행복한 삶이라고 부추기는 광고가 모든 텔레비전 채널에서 하루 종일 나타나고 있지 않은가.

이 집 며느리는 말하자면 그런 꿈을 실현하고 있는 마음씨 좋은 공주인데, 문제는 남편이 스스로를 왕자가 아니라 부마라고 느끼는 콤플렉스가 생겨나고 있는 것이었다. 조선시대 공주와 결혼한 부마는 제한이 지나치게 많아서, 가부장적인 사회인데도 남편의 특혜를 대부분 포기하고 살아야만 했다. 그 경우와는 다를지 모르지만, 이 며느리 문제의 핵심은 결혼하면서 일부 잠재워야 할 공주의 성향이 잠들지 못하고 그대로 깨어 있다는 점에 있었다.

> 공주가 결혼하면 왕비가 되든가 아니면 바보온달과 결혼한 평강공주처럼 평민의 삶에 적응해야 할 텐데, 성숙한 왕비도 되지 못하고 평민의 자리로도 도저히 내려가지 못하는 경우이다.

물론 여러 동화들을 보면, 공주에게도 중첩되는 고난의 삶이 나타나기는 한다. 계모 왕비의 질투를 받은 백설공주처럼 죽음을 피해 숲 속의 일곱 난쟁이와 살게 되는 경우도 있고, 계모의 온갖 박해를 받으며 집안의 궂은일을 혼자 하는 신데렐라 이야기도 있다.

이 공주들이 구원받는 방법은 왕자를 만나 구애를 받고 잠들어 있던 삶에서 깨어나는 것이었다. 어린 소녀들을 열광하게 했던 동화 속에는 결혼한 후에 다시 부엌데기가 되었다거나, 왕자와 싸우고 숲 속의 난쟁이 집에 놀아가게 되었다는 이야기는 없다.

그렇다면 이 공주들은 왕자를 따라 그의 성에 간 다음 기나긴 인생을 무엇을 하면서 살았을까? 흥미 있는 상상이 아닐 수 없다.

결혼식장으로 사뿐사뿐 걸어 들어오는 신부의 이미지는 우리가 꿈꾸는 공주의 이미지와 매우 유사하다. 그러나 신혼여행지에서 돌아오는 비행기에 타면서부터 신부의 고민은 시작된다. 생존하기 위해 어디까지 평민의 자리로 내려가야 하는지 당장 결정해야 하기 때문이다.

농경사회에서는 생존하는 데 엄청난 노동량이 필요해서 먹고살기 위해 하루를 다 소모하는 게 그 시절 사람들의 생활이었다. 정보화시대의 현대 문명을 혐오하면서 옛날을 예찬하는 사람들도 자연의 풍광 속으로 돌아가고 싶은 것이지, 그 시절의 지긋지긋한 가난과 엄청난 노동을 다시 삶에 불러오고 싶은 것은 아닐 것이다.

그렇지만 넓은 아파트에 살며 온갖 가전제품에 일하는 사람까지 갖추고 아무 일도 하지 않으면, 삶은 권태의 극치에 다다를 것이다. 물론 재미를 추구하러 매일 헬스클럽으로 골프장으로 레스토랑으로 돌아다닐 수도 있지만, 인생의 비밀은 바로 여기에 숨겨져 있다. 놀이와 휴식과 맛난 음식이 즐거우려면 그 사이에 의미 있는 일이 있어야만 한다.

나는 그녀에게 며느리와 함께 자원봉사 모임에 오지 않겠느냐고 권유했다. 다른 사람들의 생기 있는 삶을 보면 내면의 공주를 조금씩 잠들게 할 수 있지 않을까라는 생각이 들었다.

드러내기와 감추기

거의 모든 문학작품에서 남녀 간의 사랑은 영원한 주제처럼 되어 있다. 특히 장편소설인 경우, 고전이라고 불리는 모든 책에서 사랑은 지고지순이든 불륜이든 간에 전체를 관통하는 주제이거나 주제를 뒷받침하는 사건으로 나타난다.

헤밍웨이가 쓴 《노인과 바다》처럼 이성 간의 사랑이 사라진 책이 명작으로 남아 있는 것은 극히 예외적인 일이다.

이즈음 문학작품은 예전과 달리 다각적으로 이성 간의 사랑을 해석하고 있고, 사랑이라는 이름의 달콤한 마취 현상을 깨어버리겠다고 벼르는 대담한 전위적인 소설들도 등장하고 있다.

이제 사랑이란 환상은 사라져버렸기 때문에 남녀관계를 성적인 관계로만 보는 시각도 있고, 투쟁적으로만 보는 시각도 있다. 여기에 여성이 드디어 자아를 성취하여 사랑의 망상에서 벗어나 남자의 곁을 떠나 자유를 찾게 된다고 주장하는 경우까지, 시각의 차이는 실로 다양하다.

성적인 친화성을 서로 나누는 것은 결혼한 부부에게 가장 강렬한 사랑의 표현이었고, 고된 일상을 덮는 만족스러운 부분이었다. 부부 싸움은 칼로 물 베기라는 이야기에도 상당히 많은 성적인 의미가 함축되어 있다.

이즈음 부부간의 성적인 욕구가 떨어져가고 있다는 사실이 세계적으로 논란이 되고 있다. 소설과 영화는 앞다투어 성을 노골적으로 다루고 있는데, 부부간의 성적인 욕구가 떨어져간다는 사실은 기이한 일이 아닐 수 없다.

현대인들은 성적인 상품의 과장된 포장 안에서 순수한 성적인 기쁨이나 욕구를 점점 더 잃어가고 있다. 꽃다발 포장과도 비슷하다. 꽃처럼 아름다운 존재가 어디 있겠는가. 그런데 이 꽃을 온갖 망사와 리본과 색종이로 묶어 고유한 아름다움을 죽이는 지경에 이르고 있지 않은가.

우리나라 옛날 주택 구조처럼 사랑방과 안방이 떨어져 있어 적절하게 성적인 무분별을 조절할 수 있다고 주장했던 문화권에서 본다면, 얼핏 좋은 현상으로 들릴지도 모른다. 유럼에서는 환호작약하며 이제야 인간들이 본래의 모습을 찾아 예의와 염치를 차릴 줄 알게 되었다고 생각할지도 모른다.

문제는 인간이 점점 더 순수해지고 고양된 영혼의 세계에 빠져들면서 육체적인 쾌락을 멀리하게 된 것이 아니라, 너무도 크고 과대한 성적인 자극들이 마침내 웬만한 일에는 움직이지 않는 무덤덤 증후

군을 만들어내었다는 데 있다.

> 과도한 광고와 노출, 자극은 성적인 출구를 지니지 못한 청소년들을 걷잡을 수 없이 흥분시켜 너무 이른 성적 관계나 성범죄의 길로 들어서게 하는 기폭제가 되고 있다. 역설적으로, 안전하고 즐거운 성을 추구해도 좋은 부부간의 성적인 관계는 점점 더 소원해지고 있다.

이에 대해서는 여러 가지 해석들이 쏟아져 나오고 있는데, 복합적인 현대사회에서 다른 현상들과 마찬가지로 뭐라고 한 가지 해석을 딱 부러지게 내리기는 어렵다.

남녀의 대립과 갈등, 반목이 이런 상태를 불러왔다고 보는 견해도 있고, 현대사회에 만연된 엄청난 스트레스 때문에 이런 현상이 일어났다고 보는 견해도 있다. 대리만족을 할 수 있는 자극적인 물품이며 컴퓨터 기구들이 성의 즐거움을 뒷전으로 밀어냈다고 보는 견해도 있다.

차라리 잘되지 않았느냐고 하는 사람들도 있을 수는 있다. 모든 일들이 성가시기만 하고 새로 산 비치는 잠옷을 입고 개소주며 보약을 쟁반에 받쳐 들고 오는 아내가 무서워 죽겠다는 남편들도 있으니까 말이다.

여성의 성욕은 개방된 체제 아래 항진되고 있는데 남성의 성욕은 떨어져가고 있다면, 이것도 실상 불화에 한몫을 하는 큰 문제가 아닐 수 없다. 그게 뭐 문제냐고 한다면 할 이야기가 없지만, 부부간의 불화를 호소하러 온 사람들의 대부분이 성적인 관계를 끊은 지 상당히 오래된 상태에 놓여 있다.

성적인 불만족이 성격적인 불일치에서 오는 갈등을 더 심화시키는 것인지, 아니면 성격적인 갈등이 두드러지게 불거져 나와서 더 이상 얼굴도 마주 보기 싫은 지경에 이르는 것인지 알기는 어렵다. 닭이 먼저인지 달걀이 먼저인지 하는 토론과 유사한 점도 있다. 명명백백하게 한 가지 답으로 설명해내기는 어렵기 때문이다.

스탕달의 《적과 흑》에 나오는 줄리앙 소렐이 정원에서 처음으로 레나르 백작부인의 손을 잡는 장면은 이 작품의 압권을 이루는 묘사 중 하나다. 지금 보면 아무 자극도 되지 않을 덤덤한 행동이 흥분과 성취감을 극대화하면서 젊은 줄리앙 소렐을 격동시키는 것이다.

영화 〈순수의 시대〉에서 다니엘 데이 루이스가 열정적으로 사랑하지만 함께 있을 수 없는 미셸 파이퍼의 장갑 단추를 하나씩 푸는 장면은, 어떤 성 묘사보다도 에로티시즘의 극치를 이루고 있다. 노출하지 않고는 관객들을 모을 수 없다는 엄살은 사실과 꼭 부합되지는 않는다.

구태여 불화하지 않더라도, 상당히 많은 부부가 성관계를 가진 지 오래 되었다고 실토하고 있다. 이유야 여러 가지겠지만, 상품화된 멋진 남녀의 영상이 인생에 지친 부부 사이에 은근히 끼어드는 점 또한 부정하기 어렵다.

인류의 영원한·테마인 남녀 간의 사랑을 묘사할 때는 노골적이거나 은유적이거나 성적인 결합이 나타나지 않을 수가 없다.

각종 매체에서 성의 묘사는 점점 과장되고 왜곡되어가고 있다. 성의 신비는 백일하에 드러나고 인생에서 숨겨졌던 비밀은 햇빛에 드러나 남루한 누더기가 된 셈이다.

과연 일부 비관주의자가 염려하는 바와 같이, 이 상태가 심각해지면 인류의 번식이 어려워져 큰 문제를 겪게 될 것인가. 하기야 역사적으로 볼 때 어떤 사태가 극에 달하면 원점으로 회귀하려는 성향이 나타나서, 너무 비관할 일만은 아닐지도 모른다.

영화나 소설이 주인공들의 옷을 벗기고 성적인 신비를 알알이 카메라 앞에 드러내면서 야단법석을 하는 곁에서, 인간과 자연이 순하고 본질적인 부분을 따라가는 영화 〈8월의 크리스마스〉나 〈집으로……〉가 관객을 끌어모으는 흡인력도 만만치 않기 때문이다.

부부 싸움해도 각방 쓰지 말라는 이유

우리가 인간관계에서 경험하는 다양한 친밀함 중 하나는 육체적 친밀함이다. 이것은 의외로 간단하게 이해할 수 있다. 이 친밀감은 악수, 포옹, 뺨에 하는 가벼운 입맞춤 같은 것들에서 시작된다. 선거유세 기간 동안 정치인들이 수도 없이 악수를 하고 아이들만 보면 껴안는 이유도 친밀하게 다가갈 수 있는 사람으로 보이게 하는 홍보효과가 크기 때문이다.

성적인 관계를 갖게 된 남녀가 상대방에 대해 느끼는 정서적인 일체감은 압도적이다. 그렇기 때문에 성적으로 결합되어 있던 관계가 파국을 맞게 되면 상당한 혼란과 고통을 느끼지 않을 수 없다.

> 성적인 관계가 언제나 친밀함을 유발하는 것은 아니지만, 그런 관계가 단순히 육체적인 관계 이상의 힘을 가지고 있음은 분명하다.

손을 잡거나 어깨를 만지거나 머리를 쓰다듬거나 포옹하는 등의 따뜻한 육체적인 접촉은 마음의 상처를 치유하는 데 큰 역할을 한다. 그렇기 때문에 스킨십이 통째로 사라진 부부에게서는 냉랭한 기류가 시베리아의 벌판처럼 흐르게 된다.

옛말에 부부 싸움을 해도 각방을 써 버릇하지 말라는 이야기가 있다. 부부간에 갈등이 있을 때, 극도로 화가 나면 다른 방으로 가거나 밖으로 나감으로써 육체적인 접근을 차단하는 것이 습관이 되면 더 큰 문제로 이어질 수 있다. 작은방에서 복닥거리며 육체적으로 부대끼던 형제자매들이 각별히 사이좋은 이유도 여기서 찾아볼 수 있을 것이다.

작품의 완성도 이전에, 외설 시비로 재판에 걸릴 정도로 센세이션을 불러일으켰던 D. H. 로렌스의 명작 《채털리 부인의 사랑》은 성적인 친밀감을 햇빛에 드러내 적나라하게 다룬다. 성기능을 잃고 전쟁터에서 돌아온 남편 클리퍼드와 아내 코니 사이에 불협화음이 일어나기 시작한다. 위선적인 남편에게 환멸을 느낀 코니는 야성적인 산지기인 멜라스와 육체적인 관계를 맺으면서 삶과 사랑의 기쁨에 눈뜨게 된다. 두 사람 사이에 생기는 친밀감은 단순히 육체적인 쾌락이나 유희로 끝나지 않는다.

이즈음 흔히 섹스리스 커플이라고 불리는 젊은 부부들이 의외로 많다. 그 이유는 한두 가지가 아니겠지만, 육체적인 친밀감이 완전히 사라져버린 부부에게서 감정적인 교류나 정신적인 교류가 원활하게 이루어지기를 기대하기는 쉽지 않다.

"함께 의사의 도움을 받자고 청해도 나를 이상한 물건처럼 바라보고 매도를 해요. 성적인 관계 없이도 잘 살아가는 종교인들의 삶을 본받으라고 윽박지르기도 하고요. 이제는 잠자리의 문제가 아니라 인간적인 환멸이 더 커서 함께 살고 싶지 않아요."

몇 년째 관계를 기피하는 남편에 대한 아내의 마음은 이미 메마를 대로 메말라 균열이 일어나고 있었다. 어렵게 말을 꺼냈는데 경멸하는 시선으로 대응하는 남편 때문에 몇 가지 의심을 품어보기도 했다는 것이다.

"혹시 동성애자인 것을 숨기고 결혼한 게 아닌가 하는 생각도 해보았어요. 아니면 다른 사랑하는 여자가 있어서 그런 것은 아닐까 의심도 해보았고요. 부끄러운 일이지만 뒷조사도 시켜보았는데, 그건 아닌 것 같아요. 남편은 경제적으로 유능하고 자식들에게 자상한 아버지 노릇을 하고 있는데 더 이상 욕심 부리지 말라는 태도로 나오거든요. 어떤 때는 그냥 혼자서 돌아버릴 것 같아요. 죽고 싶기도 하고요."

눈물을 흘리며 하소연하는 이 여자는 어떻게 해야만 할까. 육체적으로 친밀감을 보이거나 사랑해주지 않는 배우자와 그 상태로 해로해야 하는 것일까.

이런 경우 남편이 겪는 고뇌도 만만치는 않다. 아내인 코니가 삶에 대한 놀라움과 기쁨에 눈뜨는 것을 바라보는 남편의 깊은 불행감은 그를 더욱 바람직하지 않은 쪽으로 몰고 간다.

> 이 부부는 육체적인 친밀감에 앞서는 감정적인 친밀감도 형성되어 있지 않다. 이럴 때 부부 사이에 빙산이 서서히 갈라지듯 더 큰 붕괴가 일어나리라는 것은 예측하기 어렵지 않다.

결혼과 관련된 불행감 중에서 성적인 불만족에 대한 호소는 지하에 숨어 드러나지 않거나, 극히 피상적으로 지나가는 이야기하듯이 잠깐 드러낼 뿐인 경우가 많다.

육체적인 친밀감의 부조화가 서서히 흔적을 드러내기 시작하면, 덮어놓고 숨기고 두려워하기만 해서는 안 된다. 서로 마음을 터놓고 이야기를 나누는 것이 바람직한데, 의외로 쉽지가 않다. 부부간에 솔직하게 내화하는 것이 어려울 때는 신뢰할 민한 전문가의 조언을 구하는 것이 필요하다. 그러면 더 큰 불행을 막는 데 큰 도움이 될 것이다.

남편의 감기몸살과 아내의 감기몸살

"더 못살겠으면 헤어지는 거지. 뭐. 이게 뭐 조선시대냐."

오늘날 어떤 결혼에도 이혼의 가능성은 존재한다는 인식이 팽배하고 있다. 더 이상 이혼을 특정한 문제 있는 부류의 사람들만 하는 것이라고 생각하지 않게 된 것이다.

아무리 사랑이 깊고 헌신적이고 양심적인 마음씨를 지니고 있다고 해도, 결혼생활이란 일종의 종사하는 삶이다. 우리가 어디에 종사한다는 것은 다른 일보다 그 일을 우위에 놓고 중요하게 생각하며 시간과 자원을 많이 투자한다는 의미이다.

부부는 각자가 결혼생활에서 이 '종사하는 부분'을 어느 정도로 분담해야 하는 것일까?

전에는 이 구분이 대체로 간단했다. 남편은 생활비를 벌어 오는 생업에 종사하고, 아내는 가정에서 살림과 육아에 종사했다. 아내에게 요구되었던 것은 남편과 아이에 대한 헌신, 가사의 전담, 시집 식구에 대한 순종과 희생 등이었다. 이 대전제가 자본주의의 도도한 조류 앞에서 깨어지기 시작하면서 여러 가지 갈등이 모습을 드러내고 있다.

우선 생활비 마련이 더 이상 남편의 전유물이 아니다. 아내도 돈을 벌 수 있게 된 것이다. 그렇다고 다른 가사의 분담이 줄어든 것도 아니다. 아직도 일하는 아내의 고달픔이 큰 이유는, 직장에 다니면서도 자녀와 가사와 시집에 대해 종사할 몫은 거의 줄어들지 않았기 때문이다.

그 일을 전부 수행하려면 하루 24시간을 모두 헌납해도 모자랄 지경이다. 여기에다 불편한 인간관계까지 가세하면 저절로 결혼생활에 의문이 들지 않을 수 없다.

"왜 나만 이렇게 힘들게 살아야 하나?"
"이 결혼이 과연 내 인생을 위한 것인가?"

이런 질문들은 결혼의 뿌리를 건드리기 시작한다.

유교적인 사회구조에서 여성의 결혼은 자라난 환경이나 아는 사람들로부터의 결별을 의미했다. 여자들은 선택의 여지없이 결혼의 양상을 받아들이는 수밖에 없었다. 집에 머물러 있으면 친정 부모의 짐이 되거나, 결혼한 오라비와 그의 아내에게 거추장스러운 존재가 되고 말기 때문이었다. 궁궐에 궁녀로 들어가거나 기생이 되기 전에는 결혼하지 않고 생계를 유지할 일에 종사할 수가 없었다.

이제 딸들은 더 이상 어머니 곁에서 음식 만드는 법을 배우고 함께 바느질을 하며, 어떻게 남편의 바지 주름을 더 잘 세울 수 있는가 하는 일을 훈련받지 않는다. 많은 어머니들이 딸이 전문직을 지니는 것을 선호하고, 가정을 위해 살고 가정을 위해 죽을 것처럼 살아온 자신의 삶을 답습하지 말아달라는 주문을 하고 있다.

> 결혼을 하기 위해서는 나 자신과 타인에 대한 이해가 필요하다. 그중에서도 가장 우선적인 부분은 아마도 나 자신에 대한 이해일 것이다. 하지만 모든 가치관들이 난립하며 부딪치는 격동기에 살면서 자신을 이해하려면, 심리적인 측면만이 아니라 세상을 바라보는 패러다임의 급격한 전환을 이해해야만 한다.

전통적으로 남성이나 연장자, 양반이 누리던 기득권은 이제 퇴조하고 있고, 그 대립 개념인 여성이나 젊은이, 대중의 권한이 늘어나고 있다. 변화하는 관계에서 삐걱거리는 불화가 쉽게 일어나는 것은 자명한 이치이다. 기득권을 잃어가고 있는 사람들은 그 저항이 만만찮고, 새로운 권한을 얻어가는 사람들은 그 불충분한 권리에 불만이 만만찮기 때문이다.

이 저항이 한 가정 내에서 남편과 아내의 대립으로 나타나는 경우, 그 예후는 가히 우려할 만한 지경에 이른다. 중년층은 농경사회에서 산업사회, 정보사회로 격동기를 거쳐 오면서 다양한 경험을 해온 세대지만, 사회적인 급변에 대한 이해와 교감이 부부간에 이루어지지 않는 경우가 많다. 전통적인 부부관을 지닌 남편은, 자신이 생업에 종사하는 한집안에서는 왕이 되고 싶어 한다. 생업에 종사하지 않는 남편들이 있는 대로 기가 꺾이는 이유도 자신이 결혼생활 중 종사해야 하는 분담 부분에서 밀려나 있기 때문이다. 이때 오히려 더 큰소리를 치며 군림하려고 드는 것은 자기 역할을 다하지 못하고 있다는 괴로움의 표출이다.

이렇게 되면 생업을 맡은 아내가 던지는 예사로운 한마디에도 자격지심과 열등감이 가세해서 분노를 표출하곤 한다.

아내가 지쳐서 남편에게 서비스할 시간이 줄어들었다고 받아들이지 않고, 자기를 무시해서 반찬이며 다른 일들을 소홀히 한다고 보기 시작하는 것이다. 남편이 생업을 유지하고 있는 경우에도 마찬가지다. 가정에서 할 일을 좀 분담하자고 의논하려고 하면, 남편의 입에서 자판기의 자동 커피처럼 나오는 흔한 대사가 있다.

"그렇게 유세하려거든 그까짓 일 때려치워."

그렇지만 여러 가지 이유로 그 일을 때려치우기는 어렵다. 게다가 정말 때려치우라는 뜻도 아니다. 함께 벌지 않으면 당장 가계를 유지해나갈 수가 없기 때문이다.

마침내 아내의 입에서 해본 적이 없던 말이 신랄하게 쏟아져 나온다.

"그런 것쯤은 당신이 좀 하면 안 돼요?"

물론 이럴 때,

"왜 안 되겠어? 되고말고."

이렇게 흔쾌하게 대답이 나온다면 무엇이 문제이겠는가.

"남편을 뭘로 보는 거야?"

"내가 어떻게 그런 걸 해?"

이런 퉁명스러운 대답이 나오면, 두 사람 사이에 오해와 갈등의 벽이 쌓이기 시작한다.

아내가 일하러 가서 집에 없으면, 남편은 점심때나 저녁때 자기 밥을 찾아 먹는 일을 시작할 수밖에 없다. 그러면서 할 수 없이 분담을 시작하기는 하지만 자발적이지 않은 분담은 억울함을 낳게 된다.

> 피곤한 아내와 억울한 남편이 좁은 공간에서 만나면, 자칫 가정 폭력에까지 도달하게 되는 극단적인 경우도 생긴다.

우리나라의 중년층 남편들은 아내가 다른 일을 하더라도 자신에 대해 변함없이 배려해주기를 원한다. 그런 경우 새벽에 일을 나가는 아내가 집에 있는 남편을 위해 허둥지둥 반찬을 장만하고 밥상을 차려놓아야 한다.

출근 준비하느라 정신이 없는데, 남편이 양말이나 셔츠가 준비되어 있지 않다고 화를 내기 시작하면, 처음에는 미안해하던 아내도 점차 '이건 좀 뭔가 부당하다'는 생각이 들지 않을 수가 없다. 달리 여성학 강의를 들을 필요도 없다. 겪어보니까 그 부당함을 저절로 알게 되는 것이다.

얼마 전, 라디오에서 어떤 가정주부가 유머러스하게 부부관계에 대해 이야기하는 것을 들은 적이 있다.

자기가 말하는 집안에서의 남녀평등은 무슨 대단한 이데올로기가 아니라는 이야기였다. 그녀는 남편이 감기몸살에 걸리면 거의 국가적인 차원의 서비스를 해주어야 하는 재난인데, 자신의 감기몸살은 마음먹기에 달린 신경성 질환이라 집안의 모든 서비스를 수행해가면서 틈틈이 앓아야 하는 것이 너무 부당하다고 말했다.

언젠가 열이 나고 아파서 누워 있는 줄 알면서도 남편이 저녁밥을 달라고 하길래, 이러다간 내일 아침에 저세상으로 가게 될지도 모른다고 했더니, 남편이 깜짝 놀라면서 이렇게 말했다고 한다.

"아니, 그럼 내일 아침밥은 못 먹는 거야?"

> 방청객들의 폭소가 터지는 가운데 그녀는 말을 맺었다.
> 자기가 주장하는 남녀평등은 딱 한 가지, 남편의 감기몸살과 아내의 감기몸살을 부디 동일한 질환으로 치부해달라는 것뿐이라고.

사회가 급변하고 부부가 결혼생활에서 종사하는 일이 서로 뒤섞이고 스며들기 시작하면서, 새로운 사고의 전환이 필요한 시점에 이르렀다. 몇 십 년간 살아온 사고의 틀을 바꾸는 것이 쉬운 일은 아니다. 그렇지만 고장이 나서 더 이상 원래 기능을 하지 못하는 물건은 폐기처분하게 되어 있다.

지금 우리는 부부 관계에 대해 더 이상 작동하지 않는 생각의 틀에 매여 있지 말고, 발상의 전환을 모색해야 할 시점에 서 있는 것이 아닐까 싶다.

결혼의 초상

결혼한 사람들을 붙잡고 당신은 지금 행복한가라고 물어보면, 적지 않은 사람들이 그렇지 못하다고 대답할 가능성이 높다. 그리고 그 원인은 배우자에게 있다고 말하는 경우가 많을 것이다.

"이건 맨날 쓸고 닦고 락스 뿌리는 바람에 집이 아니라 꼭 병원에 들어오는 것 같다니까요. 일요일 같은 때 좀 늦게 일어나고 빈둥빈둥 하려면 난리예요. 결벽증이에요. 결벽증……."

이런 하소연을 하는 남편이 있는가 하면 정반대의 불만을 토로하는 남편도 있다.

"마누라가 게을러터져 가지고 청소도 잘 하지 않아 집 안이 창고 같아요. 뭐라고 하면 왜 그렇게 남자가 쩨쩨하냐고 지가 되레 화를 내는 거 있지요."

아내라고 할 말이 없는 건 아니다.

"밖에도 안 나가고 맨날 집구석에서 잔소리나 하면서 나만 들볶으니 어떻게 살겠어요. 그러고는 자기가 가정적이라고 자랑이 깨지니, 참……."

반대로 남편이 너무 집에 안 붙어 있어서 미치겠다고 하소연하는 아내도 있다.

"자기가 아직도 미혼인 줄 안다니까요. 놀러 다니느라고 정신이 다 나가 있어요. 동창회마다 따라다니고⋯⋯ 자기가 결혼했다는 걸 잊어버리고 있어요. 글쎄⋯⋯."

다른 사람이 들으면 웃을 일처럼 느껴질지 모르지만, 본인에게는 심각한 문제가 아닐 수 없다.

> 결혼생활을 힘들게 만드는 첫걸음은, 배우자를 마음에 드는 사람으로 개조하려고 들 때 시작된다고 보아도 과언이 아니다. 옛날 우리나라 노인네들의 지혜는 이런 의미에서 높이 사 줄 만하다.
> "생긴 거 어디 안 간다. 들볶는다고 그게 고쳐지냐? 서로 참고 살아야지."

그렇지만 이해가 안 가는 걸 오래 참고 있으면 마음에 깊이 병이 들 우려가 있다. 마음의 병을 예방하려면 배우자를 이해하고 수용하는 연습을 해보는 것이 좋다. 그러려면 우선 나 자신을 정직하게 바라보고 이해해야 하는데 이것이 쉬운 일이 아니다.

우리가 자신이나 타인에 대한 이해를 이야기할 때 외모나 직업 같은 것에 대해 말하는 것이 아니다. 이럴 때는 심리적인 부분에 대해 말하고 있는 경우가 많다. 곧 자신이 생각하는 것은 무엇인가, 느끼고 있는 바는 무엇인가, 기본 정서는 어떤 것인가, 자신만이 지니고 있는 독특한 성향은 무엇인가 하는 것 등이다.

자신의 심리적인 상태를 알아볼 수 있는 가장 손쉬운 방법은 현재의 기분을 헤아려보는 것이다. 만약 내가 화가 나 있거나 우울하다면 심리적인 빈틈이 생기고 있는 중이다.

대체로 결혼생활에 갈등을 느끼고 있을 때 자신의 심리적 정체성에 대한 질문을 던지게 된다. 불행하다고 느끼거나 우울해질 때 우리는 맹목적으로 달려가던 걸음을 일단 멈추고 생각에 잠긴다.

"내가 불행한 건 다 남편 때문이에요. 진짜 사이코라니까요."

"내가 행복하지 못한 건 아내를 잘못 만났기 때문이지요. 워낙 성격이 틀려먹었거든요."

살아가면서 무슨 문제가 생길 때마다 그 원인이 배우자에게만 있다고 주장하는 한, 문제 해결의 실마리를 찾기는 어렵다.

"모두 다 제 잘못이에요. 남편은 훌륭한 분인데 모두 제 불찰이에요."

"내가 못나서 그래. 아내는 머리도 좋고 능력 있는 사람인데……."

이처럼 문제의 원인이 내게만 있다고 지나치게 자책이나 자학을 하는 것도 문제 해결에 도움이 되지 않는다. 부부에게는 두 사람 사이에 가로놓인 문제를 함께 풀어내는 지혜가 필요하다.

미국의 정신과 의사 토마스 해리스는 인간이 자신과 타인을 바라보는 방법을 크게 네 가지로 나누고 있다. 이 유형들을 잘 살펴보면 자신이나 배우자의 인간관을 좀 더 쉽게 이해할 수 있다.

"미안해요. 다시는 안 그럴게요. 내가 다 부족해서 그래요."

"나만 처지는 것 같아. 동서들은 다 잘나가는데 말이야. 그래서 처갓집에 가기 싫어."

우선 이렇게 생각하는 자기부정-타인긍정의 유형이 있다. 스스로를 능력 없다고 느끼며 우울해하고 소외감을 느끼고 배우자에게 의존하고 인정을 바라며 인간관계에 극히 소극적이 된다.

"나도 잘한 건 없지만 당신은 내게 잘해준 게 뭐 있어요?"

"그래, 내가 이해심이 없는지 몰라. 그렇지만 대체 그렇게 말하는 당신은 이해심이 있는 줄 알아?"

이렇게 공격적인 자기부정-타인부정의 유형이 있다. 배우자를 쌀쌀맞고 몰이해하다고 느끼며 생의 무의미를 느끼고 목숨이 붙어 있으니 어쩔 수 없이 산다는 태도를 지니는 것이다.

"도대체 무슨 일 하나 제대로 하는 게 있어야지. 나를 좀 보고 배우라고……."

"애를 기르려면 나같이 해야지. 당신같이 하면 애 버려요."

이와 같은 자기긍정-타인부정의 유형도 있다. 자기 입장은 지키려 드나 배우자를 불신하고 의심하며 배우자와의 관계를 제대로 맺지 않으려고 드는 것이다.

"야, 오늘 힘든 날이었어. 당신도 애 많이 썼지?"

"그래도 우리 둘 다 그 고비를 잘 넘긴 게 정말 대견하네요."

이런 생각을 갖는 자기긍정-타인긍정의 유형이 있다. 가장 바람직하고 소망스러운 입장이다. 다른 세 가지 관점이 감정에 기초를 두고 있는 데 반해, 이 관점은 생각과 자신감 있는 행동에 기초하고 있고 자신과 배우자의 가치를 귀하게 여기고 있기 때문이다.

●

행복한 결혼생활을 가꾸려면, 나도 이만하면 괜찮은 사람이고 배우자도 그만하면 괜찮은 사람이라는 자기긍정-타인긍정의 관점을 지니는 연습을 해보면 어떨까.

나는 살아가면서 과연 어떤 결혼의 초상을 그려나가고 있는지, 곰곰이 생각해보는 것도 흥미 있는 일일 것이다.

4
행복한 결혼을 위한 검색

내게 건강과 행복을 가져다주는 사람 ♥ 부부 100쌍의 부부관계 유형 5가지 ♥ 친구가 필요할 때 ♥ 까마귀의 지혜 ♥ 내 고통만 큰 것은 아니다 ♥ 마음의 하모니 ♥ 불행하다고 말하기 ♥ 마음의 문을 열기

내게 건강과 행복을 가져다주는 사람

각 나라마다 그 나라를 빛내주는 주옥같은 글을 쓴 작가들이 있다. 특히 위대한 작가들을 기라성처럼 배출한 영국에서 뛰어난 작가는 세대를 뛰어넘어 존경과 대접을 받아왔다.

그중 《걸리버 여행기》를 쓴 조나단 스위프트는 영국 문학사에서 가장 염세적인 작가로 알려져 있다. 그는 자기가 태어났다는 사실을 참기 어려워했고, 생일이 되면 검은 옷을 입고 하루 종일 아무것도 먹지 않았다고 한다.

인생을 절망 속에서 헤매는 것이라고 보고 인간들의 어리석음에 관해 소인국과 대인국, 말의 나라 등을 통해 극도로 풍자적인 글을 썼던 이 염세주의자도 한 가지 찬미하는 일이 있었다. 곧 사람들에게 건강과 행복을 가져다주는 것은 기쁨과 즐거움이라고 찬미했던 것이다.

과연 나는 누구에게 건강과 행복을 가져다줄 수 있을까. 생각해보면 결혼처럼 다른 사람에게 건강과 행복을 가져다주는 일을 해볼 기회는 그리 많지 않다.

그런데 배우자와 자녀에게 건강과 행복을 가져다주려고 애쓰는 것이 언제부터 아내의 역할로만 요구되어왔던 것일까. 양성평등의 논의는 지금도 뜨겁지만, 배우자와 자녀에게 건강과 행복을 가져다주려고 애쓰는 남편의 모습은 아직 익숙하지 않다.

"내가 사회에서 힘들게 일하는 것 자체가 건강과 행복을 가져다주려고 애쓰는 거 아닙니까."

이런 남편의 항변이 잇달을 수도 있다.

남편은 일하고 아내는 집안에서 아이들과 살림을 돌본다는 근본적인 그림에 균열이 가고 있지만, 아내가 직장이 있을 때도 집안의 건강과 행복을 돌보는 것은 오로지 아내의 몫이라는 생각은 아직도 다 사라지지 않고 있다.

아내의 바람직한 모습은 자신의 성취라는 목표를 향해 달려가고 있더라도, 가족의 건강과 행복을 우선시해야 한다는 생각이 많은 사람들에게 고착되어 있는 것 같다.

전통적인 가정주부 역할에 만족했던 여자들도, 중년이 되어가면서 젊은 시절 가족을 보살피고 사랑을 주었지만 아무 곳에서도 보상받을 수 없다는 생각에 우울해진다.

사회적인 일과 주부 역할을 병행할 때에도, 아내의 내면이 평온하기만 한 것은 아니다. 가정주부로서 가정 내에서 자신의 위치를 소중하게 여기라는 소리와 이 제한되고 의미 없는 삶에서 도망치라는 두 가지 상반된 목소리가 함께 따라다니기 때문이다. 육아와 직장 생활을 병행해야 할 경우, 심신이 지친 상태에서 두 목소리는 경쟁하듯이 여자들을 몰아붙인다.

이혼율 상승과 출산율 저하의 원인에 이 목소리들도 한몫을 하고 있다. 이 문제를 해결하기 위해서는, 우선 적절한 비용 부담으로 아기를 맡길 수 있는 안전하고 신뢰할 만한 탁아 시설의 확충이 급선무이다. 돕지도 않으면서 아내가 가정과 직장에서 모든 역할을 완벽하게 수행하기를 기대하는 남편과 사회의 시선이 변화하기 전에는, 몇째 아이를 낳았을 때 얼마의 포상금을 지급하겠다는 식의 순진무구한 생각으로 출산율을 끌어올리기는 실로 난망한 일이다.

잡지나 TV 같은 각종 매체에서 성공했다고 평가받는 여성은 빛나고 세련된 모습으로 성공의 핵심에 도달한 듯한 포즈를 취하고 있다. 그러나 실상은 자신이 일하는 분야에서 성공하려는 스트레스와 가족의 요구를 충족시켜야 한다는 중압감에 시달리는 고된 삶의 모습이 그 이면에 숨어 있는 경우가 적지 않다.

인생은 완전히 행복할 수도 완전히 불행할 수도 없다. 무엇인가를 얻을 때 인생은 그 대가로 많든 적든 보상을 요구하기 마련이다. 결혼이야말로 우리가 얻는 것에 대해 끊임없이 보상을 요구하는 시스템이다. 문제는 그 요구가 남편과 아내 사이에 균형이 잡혀 있지 않을 때가 많다는 점이다.

남편들은 불만에 가득 차서,

"아내가 과연 내게 건강과 행복을 가져다주었는가?"

하고 꼬치꼬치 분석하기 전에, 내가 먼저 아내에게 건강과 행복을 가져다줄 수 있는 구체적인 일은 무엇인지, 과연 나는 그것을 실행하는 기쁨과 즐거움을 누리고 있는지 생각해보는 것도 나쁘지 않을 것이다.

> 사람은 마음이 즐거우면 종일 걸어도 싫지 않으나
> 마음에 근심이 있으면 잠깐 걸어도 싫증이 난다.
> 인생 항로도 이와 마찬가지니
> 언제나 명랑하고 유쾌한 마음으로 인생의 길을 걸어라.

셰익스피어의 경구이다.
길고 긴 결혼의 행로에서 되새겨볼 만한 말이 아닌가.

부부 100쌍의 부부관계 유형 다섯 가지

"괜히 그런 데 갔다가 이혼하게 된 사람을 한두 명 본 게 아니라고요."

가정법률상담소나 결혼상담실에 드나들면 결국 이혼하게 되는 것을 너무 많이 봤다며 상담받으러 오기를 꺼리는 사람들이 있다. 강아지가 동물병원에만 가면 죽게 되니까, 가봐야 소용없다는 이야기를 하는 사람들과 유사한 논리다.

얼마 전만 해도 사람들이 강아지를 끌고 병원에 가는 일은 드물었다. 강아지가 병원에 가는 경우는 거의 가망이 없거나 교통사고 등으로 지극히 위험한 경우가 대부분이었다. 그러니, 강아지가 병원에 가면 죽는 게 아니라 다 죽게 되어서 간 게 문제이다. 말하자면 결과와 원인이 뒤바뀐 이야기를 하고 있는 셈이다. 마찬가지로 부부 문제가 너무 심각해져서 기사회생하기 어려운 지경까지 가서야 도움을 청하는 경우가 많았다. 그 사이에 문제는 점점 더 진전되어 도저히 가벼운 처방으로는 회복되기 어려운 지경까지 가버렸던 것이다.

결혼상담실에 와서도 해결점을 찾지 못하고 결국 이혼으로 끝나는 부부는, 여러 가지 측면에서 지속적인 갈등을 겪으면서 오랫동안 악화되어온 특성을 드러낸다. 여기에 남편이나 아내의 친족이 부정적으로 가세할 경우, 두 사람의 관계는 웬만한 소방 장비로는 도저히 꺼버릴 수 없는 산불이 되어 주변을 초토화시켜 버리고 만다.

산불 기사가 신문에 날 때마다 많은 사람들이 이렇게 말한다.
"글쎄, 그걸 좀 초반에 잡았으면 이렇게 큰 피해를 보지는 않았을 텐데."
"그 큰 산에 반딧불처럼 번지는 불들을 어떻게 다 잡습니까."
이건 산림 담당자들이 호소하는 애환이다.
"있는 힘을 다해서 산을 돌고 감시를 하지만, 산에 오르는 분들이 조심을 해주시는 도리밖에 없습니다. 거기다 가뭄에 나무들끼리 부딪혀서 불이 붙으면 산 전체가 땔감으로 가득 찬 난로처럼 되어버리는걸요."
불이 어느 정도 타오를 때는 일정한 지역의 나무를 미리 베어버리고, 그 앞쪽의 나무에 일부러 불을 붙여 달려오는 산불과 맞붙어 그 기세로 불이 꺼지게 하는 맞불 작전을 쓰기도 한다. 그렇다면 기세 좋게 싸우는 부부들은 나름대로 맞불 작전을 쓰고 있는 중인 것만 같다.
이즈음 생리적인 문제나 정신적인 문제의 모든 분야에서 전문가

들이 구호처럼 외치는 것이 바로 조기 발견이다. 암도 조기 발견하면 다른 병들처럼 완치될 수 있다는 말처럼, 부부간의 사소한 갈등도 조기 발견하면 회복하기 어려운 상처를 서로에게 입히기 전에 여러 가지 방법으로 조기 대처를 해볼 수 있다.

하기야 프로이트의 정신분석적인 관점에서 본다면, 심리적인 문제와 부적응은 살아온 모든 길목의 어두운 모퉁이에서 무의식 속으로 숨어든 외상의 흔적이다. 그러니 다른 골목길을 이삼십 년 이상 걸어온 남자와 여자가 그 길목들을 함께 들추어나가기 시작하다가는 집으로 되돌아오는 길을 찾기 어려워질 수 있다.

중요한 점은 산불이 걷잡을 수 없이 커지기 전에, 심오한 이론에 의지할 것 없이 상식적인 수준에서 진화할 수 있는 방법이 과연 있는가이다.

습관성 갈등관계, 약화된 관계, 수동적 무감동 관계, 질대적 관계, 전체적 관계

어떤 학자는 십 년 이상 결혼생활을 유지하고 있으며, 심각하게 이혼을 고려해본 일이 없는 100쌍의 부부를 분류해서 부부관계의 유형을 보여주고 있다.

첫 번째 유형은 습관성 갈등관계이다. 잔소리와 말다툼을 습관적으로 하는 부부로 갈등이 생활화돼버린 것이다. 이들은 두 사람의 차이에서 오는 문제에 늘 비슷한 방법으로 대처하는 경향이 있다.

두 번째 유형은 약화된 관계이다. 한때 사랑에 빠져 서로 심신의 일체감을 경험한 적도 있었지만, 세월이 흐르면서 공허한 결혼생활로 전락하고 만 결혼이다.

세 번째 유형은 수동적 무감동 관계이다. 이 결혼은 처음부터 공허한 생활로 시작된다. 개인적인 관계라기보다 사회적·경제적 약속으로 맺어진 타산적이고 이성적인 측면의 결혼이다.

네 번째 유형은 서로 개인적인 관계를 중시하고 이해하는 관계로 결합된 절대적인 결혼관계이다. 이들 부부는 많은 활동을 공유하고 있고 상대방이 바라는 것을 헤아리고 충족시키는 데 정성을 다하는 유형이다. 강한 개인 정체성을 지니고 있으며 개방적이고 정직한 대화를 나눈다. 일상적으로 만나보기 쉬운 유형은 아니다.

마지막으로 전체적 관계는 절대적 관계와 유사하지만 좀 더 깊이 이해하고 함께 모든 것을 나누며 개인이 겪는 사적인 경험이나 갈등을 최소화하는 유형이다. 이 역시 극히 드문 관계로서, 개성과 자유를 추구하는 시대에 이런 유형이 과연 바람직한가라는 이견도 있다.

가부장적인 남편이 자기 의견을 고집할 때는 일심동체를 내세우면서, 아내의 의견을 따라 일심동체가 될 의사가 전혀 없는 경우는 이 유형에 속하는 것이 아니다.

이런 연구 결과들에서 알 수 있듯이, 결혼생활에서 행복을 느끼는 사람은 결혼에서 파생되는 인간관계의 측면을 가장 중요시하고 있다. 이에 반해 결혼생활에서 행복을 느끼지 못하는 사람들은 진정한 인간관계보다는 각자의 맡은 역할이나 두 사람이 처한 상황의 측면을 더 중요시하는 경향이 있다.

자신은 어떤 유형의 결혼생활을 하고 있는지 진지하게 점검해볼 수 있으면, 산불의 조기 진화처럼 문제의 확산을 미리 막는 데 도움이 될 것이다.

친구가 필요할 때

미시간 대학에서 공부를 하는 동안 가장 기억에 남는 교수 중 한 사람이 상담 실습을 담당했던 인도 출신 여교수 크리슈나였다. 푸른 빛이 돌도록 검은 머리를 귀 아래에서 자른 단발과 마음을 뚫어볼 듯한 검은 눈 때문에 그녀는 매우 인상적이었다.

원래 크리슈나는 힌두교 신화에 나오는 신의 이름이라고, 그녀는 첫 시간에 자기소개를 했다. 힌두교의 비슈누파에서 비슈누 신은 여러 형태로 이 세상에 나타나는데, 그중에서도 가장 중요한 신이 크리슈나로서 현대에 와서도 많은 신자가 따른다고 했다. 자기도 그 신처럼 빛을 주는 사람이 되고 싶다고 말하는 그녀는 아주 독특하고 매력적이었다. 엄격하고 열성적인 교수였지만 부드러움과 유연성을 함께 지닌 사람이었다.

같은 동양권에서 온 학생이라는 이유에서인지 그녀는 내게 많은 관심을 갖고 친절하게 대해주었다. 영어로 상담하는 일을 힘겨워하는 내게 의사소통은 언어의 문제가 아니라 마음의 다리를 잇는 진심의 문제라고 격려하기도 했다.

미국에서 공부를 시작했을 무렵 나는 이미 30대 중반이 넘었었다. 학부에서는 원래 독일문학을 전공했지만 귀국한 후 일할 분야를 찾을 수 있다고 생각해 사회복지 공부에 관심을 갖게 되었다.

그런데 공부를 하자니 어려운 일이 한두 가지가 아니었다. 두 아이가 다 어려 아이 돌볼 사람이 필요했고, 학비를 벌기 위해 주말마다 양로원에서 아르바이트를 해야 했다. 그 당시 남편은 전력을 다해 박사학위 논문을 마무리하고 있을 때라 실상 내게 도움을 주기보다는 아내의 도움이 더 많이 필요한 시점이었다.

시간은 모자라고 영어실력은 달리고, 새 과목들은 정신을 차리지 못하게 어렵기만 했다. 미시간의 12월은 어둡고 몹시 추웠다. 하늘은 눈을 이고 찌푸리고 있기가 예사였다.

도서관에 가서 훑어보아야 할 책들은 수십 권이 넘는데, 남편은 마지막 논문 손질에 경황이 없고 추운 미시간의 날씨 때문에 아이들은 감기에 걸려 기침을 해댔다. 베이비시터는 감기 걸린 아이가 다른 아이들에게 병을 옮길 수도 있으니 데려오지 말아달라고 통보했다.

설상가상이었다. 겨우 찾아낸 낯선 베이비시터에게 안 떨어지려는 아이를 맡겼다가 저녁 무렵 피곤에 지쳐 돌아온 나는, 열과 기침 때문에 보채는 아이들을 겨우 잠재운 후 곰곰이 생각했다.

'이러다가 큰일이 나겠구나. 아마 나는 사주에 공부할 운이 없는가 보다. 이제 내가 포기하지 않으면 가족이 다 피해를 입겠구나.'

밤새워 잠을 이루지 못하고 내린 결론은 이제 그만 마음을 접고 학교를 그만두자는 것이었다.

그 다음날부터 시험이 시작되었지만 나는 아무 연락도 없이 학교에 가지 않았다.

돌아갈 수 있는 다리를 끊어버리는 결정적인 포기를 한 것이다. 겨우 공부를 따라가는 처지에 시험까지 보지 않았으니, 회복할 길은 없었다. 아마 나는 극단적인 선택을 함으로써 미련을 없애려고 들었는지도 모르겠다.

'공부 같은 건 중요하지 않다. 가족이 중요하다.'

나는 되풀이해서 자신을 타이르며 차라리 그만두어서 정말 시원하다고 생각하려 애썼다. 감기 든 아이들에게 맛있는 것도 만들어주고 더 활발하게 집안일도 돌보면서 학교를 그만둔 것의 좋은 점을 여러 가지로 찾아내려고 애썼다.

그러나 다음 날 새벽 잠자리에서 눈을 떴을 때 나를 찾아든 것은 무서운 절망감이었다. 이제 시험이 시작된 지 이틀째가 되었으니 모든 것은 끝나버렸다.

그날 나는 손가락 하나 움직일 수 없는 무기력증에 사로잡혀 하루 종일 소파에 정신 나간 사람처럼 움직이지 않고 앉아 있었다.

사흘째 되는 날 아침, 나는 예고도 없이 크리슈나의 방문을 받았다.

그녀는 당황해서 매무새를 가다듬으며 눈물이 핑 도는 나를 보고 한눈에 모든 것을 짐작한 것 같았다.

차를 내어놓는 내게 크리슈나는 말했다.

"나는 동양식 결혼에 대해서 어느 정도 알고 있어요. 일이 어려울 때 아내가 양보해야 하는 것을요. 어떻게 해서든지 학교에 나오라고 권유하러 온 건 아니에요."

나는 아무 대답도 하지 못하고 가만히 앉아 있었다.
그녀는 말을 이었다.
"당신이 공부를 마치고 귀국해서 어려운 사람들을 돕는 일을 하기를 바라는 것은 사실입니다. 그렇지만 인생에는 여러 갈래의 다른 길이 있을 수 있지요."
그녀는 침묵하고 있는 내게 다가앉아 두 손을 잡았다.
"그렇지만 혹시 시험 때문에 돌아오지 못한다면, 그 부분은 내가 할 수 있는껏 도와주겠다고 이야기하러 왔어요. 다른 교수들에게도 리포트로 대치하도록 내가 허락을 받아두었습니다."

나는 크리슈나에게 두 손을 맡긴 채 한동안 목이 메어 아무 말도 하지 못했다. 내가 단호하게 끊어놓은 운명의 실을 이어주러 그녀는 방문했던 것이다.

다행히 아이들의 상태도 좋아져서 며칠 후부터 다시 학교에 나갈 수 있었다. 그리고 그녀의 도움으로 치르지 못한 시험의 공백을 방학 내내 리포트를 내면서 메울 수 있었다.

그녀의 방문이 내게 다시 시작해볼 용기를 주었던 것이다.

그 후 나는 추운 겨울철이 돌아오면 크리슈나가 내게 가르쳐준 것을 다시 생각해본다.

어떻게든 학교로 돌아오라고 설득하려 들지 않으면서 모든 선택의 열쇠는 내게 맡겨두었던 그녀의 태도는 지금도 나를 감동하게 한다.

어떤 결정을 내리든 가까운 친구로 당신 곁에 서 있겠다는 그녀의 메시지가 얼마나 큰 힘을 주었는지 아마 그녀도 잘 몰랐을 것이다.

그날, 12월의 흐리고 추운 날씨를 그녀가 한순간에 인도의 신 크리슈나처럼 꽃이 피어나는 봄 날씨로 바꾼 것만 같았다.

●

우리도 배우자가 어떤 일 때문에 좌절하고 쓸쓸해할 때 그 마음의 집을 크리슈나처럼 방문해볼 수 있다면, 인생의 추위를 함께 누그러뜨릴 수 있지 않을까, 새삼 생각해본다.

까마귀의 지혜

● ● ●

더운 여름날이었다.

목이 마른 까마귀 한 마리가 물을 찾아 사방으로 날아다녔다.

그러나 오랫동안 날씨가 가물었기 때문에 물은 아무 곳에도 없었다.

"아유, 목말라, 목이 타서 정말 견딜 수가 없군."

까마귀는 허덕이며 물 찾기를 계속했다.

"저 아래 보이는 건 뭘까?"

까마귀는 들판 한가운데 있는 병을 발견했다.

"옳지, 양 치는 목동들이 가지고 다니는 물병이구나!"

까마귀는 반가워서 물병 있는 곳에 내려앉았다. 병 속을 보니 아직도 물이 조금 남아 있었다. 하지만 병 주둥이가 좁아서 물을 마실 수가 없었다. 아무리 주둥이를 병 속으로 들이밀어도 물 있는 곳까지는 부리가 닿지 않았다.

"어떻게 하면 물을 마실 수가 있을까?"

까마귀는 물 병 옆에서 고개를 갸웃거리며 곰곰이 생각해도 좋은 방법이 떠오르지 않았다. 그렇다고 어렵게 물병을 발견했는데 한 모금도 못 먹고 갈 수는 더욱 없었다.

궁리에 궁리를 거듭하던 까마귀는 무슨 생각을 했는지 다시 날아갔다. 그리고는 입에 작은 돌멩이 한 개를 물고 와서 병 속에 넣었다.

한 개, 두 개, 세 개, 네 개…… 까마귀는 계속해서 돌멩이를 물어다가 넣었다. 그러자 병 속의 물은 돌멩이 부피만큼 점점 위로 올라와서 까마귀는 마침내 마른 목을 축일 수 있었다.

이솝우화에 나오는 '까마귀의 지혜' 이야기이다.

우리가 세상을 살아가면서 보고 듣고 겪는 일들을 직접적이고 논리적으로 설명하지 않고, 슬그머니 빗대어 이야기하는 점이 우화의 묘미일 것이다.

우화에는 우리가 겪고 있는 인간관계에 얽힌 문제에 대해 어떤 깨달음을 주는 부분이 있다.

이 이야기는 뜻이 있는 곳에 길이 있고, 열심히 노력하면 원하는 것을 얻을 수 있다는 우화인데, 결혼문제에도 상당히 절묘하게 들어맞는 부분이 있다.

결혼의 문제 양상은 하도 복잡 미묘해서 직접적이고 논리적으로 원인을 분석하려 들면 문제는 해결되지 않고 배가되기만 할 뿐이다. 그러나 한발 물러서서 좀 더 객관적으로 생각해보면 의외로 작은 일이 결혼을 구하는 실마리가 되어주기도 한다.

이즈음 남편이나 아내가 결혼생활의 고통을 호소하는 전화가 가장 많이 걸려 온다.

결혼을 파기하고 싶으나 아이들이며 이런저런 이유로 헤어질 수는 없는데, 그대로 참고 견디기가 너무도 괴롭다는 것이 그 이야기들의 골자를 이룬다.

병 속에 물이 조금 남아 있는지도 모르지만 지금 상태로는 도저히 목을 축일 수도 없고 그렇다고 그 병을 버릴 수도 없다는 이야기와도 유사하다. 병 속에 남아 있는 물을 이 삭막한 시대의 목마른 사랑이라고 비유해볼 수도 있겠다.

우리가 결혼생활에서 안게 되는 가장 큰 질문은, '어디까지가 운명으로 결정된 것이고 어디까지가 자유의지로 해볼 수 있는가'일 것이다.

만약 결혼이 운명이라면 어째 볼 수도 없는 일인데 왜 이토록 승복이 되지 않는 것일까? 그렇지 않고 자유의지로 충분히 감당해낼 수 있다면 어째서 이렇게 노력을 해도 시시포스가 굴려 올리는 돌처럼 다시 제자리로 떨어져 내리는 것일까? 가정에서 폭력을 행사했다가 아내가 경찰에 신고하는 바람에 교육을 받게 된 사람들과 집단으로 이야기를 나눌 기회가 몇 번 있었다.

그 남자들은 각각 다른 이유로 결혼생활이 불행했다. 그들의 아내가 그동안 느꼈을 불행감이나 고통은 더 말할 나위가 없을 것이다. 그렇지만 남자들이 처음 모임에 나올 때는 자신의 행동이 더 큰 불행을 불러왔음에도 불구하고 몹시 화가 나 있었다. 더구나 그런 모임에 강제적으로 오게 되었기 때문에 분노는 더 깊었다. 자기들이 사소한 폭력을 휘둘렀는지 모르겠지만, 진짜 원인 제공자는 여러 가지 이유로 자기들을 벼랑 끝까지 몰고 간 아내에게 있다는 것이 많은 남자들의 인식이었다.

일주일에 한 번씩 모임을 계속하면서 그 사람들의 분노는 많이 줄어들었다. 조금 더 객관적인 시각을 지닐 힘이 생긴 것이다.

그리고 자신의 마음을 상당히 정직하게 이야기하기 시작했다. 배우자를 비난하거나 처벌하는 것이 결혼생활에 전혀 도움이 되지 못한다는 것을 이제 어느 정도 이해하게 되었지만, 앞으로 어떻게 하면 좋을지는 잘 모르겠다는 것이다.

결혼이 파국을 맞는 것은 목을 축여주지 못하는 물병을 깨뜨리거나 버리는 것과 마찬가지다. 이혼하는 사람은 물이 나오지 않는 물병을 버리는 사람이고, 언어폭력이나 신체적인 폭력을 행사하는 사람은 원하는 물을 공급하지 못하는 물병을 깨뜨리는 사람이라고 할 수 있지 않을까.

물론 결혼은 인간 간의 약속이고 여러 이유로 파기될 수도 있다. 그리고 한쪽 배우자에게 더 많은 문제점이 있을 수도 있는 게 사실이다.

그렇지만 천사가 도깨비하고 결혼한 것이 아닌 이상, 자기는 완전한 배우자인데 상대방만 전적으로 문제가 있다고 우기기는 어렵다.

결혼을 지키기로 일단 작정했을 때, 두 사람의 결혼을 구하기 위해 무엇을 해보면 좋을까. 아마도 결혼이라는 병 속에 남아 있는 사랑이 떠오르도록 무언가 내가 해볼 수 있는 일이 있을 것이다.

"어떻게 하면 물을 마실 수 있을까?"

곰곰이 궁리했던 지혜로운 까마귀처럼 그 병에 작은 돌멩이를 하나씩 물어다 집어넣는 것도 도움이 될 것이다.

그 작은 돌멩이는 작은 위로의 말이나 따뜻한 차 한잔, 경청이나 지지, 신뢰 같은 인생의 동반자에 대한 격려가 아닐까.

그 돌멩이가 결혼이라는 병 속에 쌓이면 우리도 지혜로운 까마귀처럼 물을 마시면서 인생의 갈증을 달래볼 가능성이 높아질 것이다.

내 고통만 큰 것은 아니다

일전에 만났던 한 중년 여성은 자신이 겪어온 신산한 삶과 부부간의 갈등에 관해 격한 어조로 이야기하다가 불쑥 이렇게 털어놓았다.

"내가 겪은 고통은 그 누구하고도 비교가 안 돼요. 우리 시누이나 남편도 불행하다고 하지만, 내게 대면 아무것도 아닌데 죽는 소리들을 하는 거예요."

자기는 결혼한 지 십 년이 넘어 아이 둘을 낳았는데, 몇 달 전부터 시누이가 이혼을 하고 집에 돌아와 살기 시작했다고 한다.

그녀 말에 따르면, 남편은 어려서 가엾게 자란 누이라고 자기에게는 아무 말도 하지 못하게 했다. 요새 세상이 어떤 세상인데 시집갔던 시누이를 데리고 사느냐고 불평을 했다가 대판 싸움이 난 후부터 불화가 그칠 날이 없었다. 그렇게 속이 좁은 여자하고 한집에서 살 수 없으니, 집을 나가려면 내 동생이 아니라 네가 나가라고 하면서 입에 못 담을 폭언까지 퍼부었다는 것이다.

몇 년 전에 어렵게 결혼시켰던 시누이는 결혼에 실패한 후 어린아이까지 그 집에 놓아두고 돌아와 죽은 사람처럼 표정도 없고 말도 없이 잘 먹지도 않은 채 이불을 뒤집어쓰고 누워 있고, 남편은 이런 누이를 보면 복장이 치받친다면서 그 화를 다 자기에게 풀었다.

남편하고 누이는 부모를 일찍 여의고 함께 고생하며 자라서 그런지 아주 사이가 가까웠다. 이제 와서는 남편까지 아내가 귀찮아해서 서둘러 누이를 시집보낸 탓에 이 지경에 이르렀다고 비난을 한다고 했다. 그녀는 자기가 혼수며 뭐며 다 마련을 해서 보내느라고 얼마나 애를 썼는데 그 따위 소리를 하냐고 했다.

이러니 집안의 분위기가 어떻게 되겠느냐, 시누이가 죽든 살든 자기가 해결해야 할 일을 우리 가정에까지 끌고 들어와서 파문을 일으켜야 하겠느냐는 것이 그녀의 호소였다.

이치상으로는 하나도 틀린 데가 없는 이야기였다. 여기서 중요한 사실은 그 갈 곳 없는 시누이가 이미 내 집에 들어와 있다는 점이다. 시누이도 남편도 그 일 때문에 고통스러워하고 있는데 아내가 화를 낼수록 문제 해결에서 점점 더 멀어지게 되어 있다.

그녀는 지금 집안도 자기가 먹을 것 안 먹고 잘 것 안 자고 억척같이 일해서 일군 것인데, 이제 와서 남편이 당신은 버릴 수 있어도 누이는 버릴 수 없으니 정 못 견디겠으면 당신이 나가라니, 이건 좀 돌은 사람 아니냐고 했다.

그리고 격분해서 이 집이고 재산이고 다 내가 일군 것인데 왜 내가 나가냐고 덤볐다가 손찌검까지 당했고, 그 후 두 사람이 완전히 각방을 쓰게 되었다. 아내는 아이들하고 자고 남편은 따로 자는데 부부관계를 가져본 것이 언제인지는 기억도 나지 않는다고 했다. 이게 다 그 시누이 때문이라고, 자기가 소리를 지르고 두 사람이 대판 싸운 다음 날 밤, 시누이는 다량의 수면제를 복용했다.

"죽을 생각도 없으면서 쑈한 거라고요. 사람들이 다 있는데 약을 먹으면 발견될 걸 뻔히 알면서요. 몇 알 먹지도 않았다고요."

여자는 시누이가 얼마나 괴로웠으면 그런 일을 저질렀을까 생각해보기보다는 자기에게 피해를 끼친 일에 대해서 더 분노하고 있었다.

다행히 금세 발견되어서 위세척을 하고 살아나기는 했지만, 남편은 미친 사람처럼 아내를 욕하고 결국 네가 우리 누이를 죽이고 말 거라고 비난하며 집을 나가라고 고함을 지르더라는 것이다. 자기도 너무 흥분이 되어서 이 집은 내 명의로 되어 있으니까 나가려면 당신이 나가라고 했더니, 집을 나가 안 들어온 지가 사흘이 넘었다고 했다.

시누이는 여전히 자기하고 한집에 있는데, 하루하루 사는 것이 지옥 같기만 하고, 이불을 쓰고 누운 시누이나 무책임하게 감정만 앞세우고는 모든 책임을 자기에게 전가하고 가출을 되풀이하는 남편을 생각하면 살고 싶지도 않다고 말했다.

그녀의 얼굴 표정은 완강하고 확고부동했다. 자기가 백번 옳다고 주장하고 있지만, 사랑하지도 사랑받지도 못한다고 느끼는 사람의 전형적인 표정이었다.

듣고 보니 정말 감당하기 어려운 상황이라는 생각이 들었다.

불행하다고 생각하는 사람들이 한 공간에 모여 있으면, 그 불행의 무게는 산술급수적으로 늘어나는 것이 아니고 기하급수적으로 늘어난다.

이 집에서도 세 사람의 불행이 합쳐져 몇 십 배의 위력을 발휘하고 있는 중이었다. 이렇게 되면 누가 보아도 불행할 수밖에 없는 상황으로 치닫고 만다.

건강하고 경제력도 있고 잘 자라는 아이들이 있다는 것은 이 결혼의 강점이다. 어느 날 나타난 상황 때문에 이 강점은 아무도 돌아보지 않고 있었다.

하지만 어떤 경우에라도 올림픽 국가대표선수처럼 자기만 '불행' 부문에 금메달감이라고 생각하는 것은 좀 무리가 있다.

미국 암병동에서 간호사로 일할 때 만났던 사람 중에 아주 인상 깊은 흑인 의사가 있었다. 그는 세상을 커다란 병동으로 비유하고, 세상 사람들을 각기 다른 병상에 누워 있는 환자로 비유했다. 병명은 각자 다르지만 모두 제 나름대로 삶의 고통을 짊어지고 있다는 것이다. 그러면서 다른 병상에 누운 사람의 입장은 자기보다 나으려니 하고 생각하는 경향이 있어서, 다른 병은 자기 병보다 손쉬워 보이기 마련이라고 했다.

그는 말했다.

"여러분이 항상 염두에 두어야 할 일은 환자 한 사람 한 사람을 그 병의 숙주인 어떤 물체로 보지 말고 존엄한 인간으로 바라보는 것입니다. 보기에 별것 아닌 것 같아도 환자들이 육신의 고통을 호소할 때 엄살을 떤다고 생각하거나 말해서는 안 됩니다. 고통의 경중에 정확한 객관적 기준이 있는 것은 아니기 때문입니다."

상담 공부를 시작한 후에 가장 큰 공감을 느꼈던 것이 바로 그 부분이었다.

"그런 일은 아무것도 아닙니다. 그게 뭐 그렇게 괴로우세요."

괴로운 사람에게 이런 말은 하지 않는 것이 좋다. 이쪽은 위로한다고 하는 말일지 모르지만, 개인의 고통은 다른 사람의 저울로 쉽사리 잴 수 있는 일이 아니기 때문이다.

가까운 사람들과의 불화 때문에 괴로워하는 사람들은, 자신의 고통은 무겁고 비관적으로 보지만 다른 사람의 고통은 백안시하는 태도를 지닌 경우가 드물지 않다. 이럴 때 상대방의 불행도 만만치 않다는 것을 한번만 생각해보면 의외로 조금씩 화해의 길이 열릴 것이다.

이 집의 경우처럼 남편과 아내, 누이 세 사람이 한집에 모여 자기가 불행한 원인이 다른 사람에게 있다고 주장하는 한 평화로운 삶을 되찾기는 어렵다. 사태는 악화일로를 겪는 악순환의 고리를 이어나갈 수밖에 없다.

쏟아놓듯이 이야기를 털어놓은 여자는 자신의 이야기를 들어주고 이해해주는 것만으로도 숨통이 좀 트이는 것 같다고 말했다.

이 고리를 푸는 방법은, 도움을 청하러 찾아올 힘이 있는 당신이 한 걸음씩 움직여보는 것일 수도 있다는 이야기를 하면서, 여자의 굳은 마음은 조금씩 열리기 시작했다.

자기 고통을 내려놓고 다른 사람을 돕는다는 것은 물론 쉬운 일이 아닐 것이다. 자신이나 다른 사람을 온전히 객관적으로 바라보는 것도 인간 능력의 범주를 넘어서는 어려운 일일지 모른다.

그러나 누구보다도 내 고통이 더 크기 때문에 다른 사람들이 다 부당하다고 생각하는 한, 문제의 실타래는 더 엉켜들기만 할 뿐이다. 실을 풀려면 우선 격분이나 절망 같은 감정을 가라앉히고 차근차근 실타래를 더듬어 실마리를 찾아보아야 한다.

불화 상태에 있는 자신의 배우자를 보는 시각도 한번 점검해볼 필요가 있다. 우선 '어떤 고통이 저 사람에게 저렇게 말도 안 되는 행동을 하게끔 하는가'를 한번 생각해보는 것이다.

내가 언제나 상대방을 판단하는 올바른 잣대를 지니고 있는 것은 아니라는 사실만 깨달아도, 불화의 고통에서 조금씩 걸어 나올 작은 계기가 될 수 있다.

마음의 하모니

"이 문제를 심리학적으로 보자면……."

이런 말을 인간관계의 어떤 상황에 대해 객관적으로 설명하기 어려울 때 전가의 보도처럼 휘두르는 사람들이 있다.

얼굴을 가다듬는 성형수술은 그 성과가 거울 앞에서 적나라하게 드러나고, 외과 환자의 수술 결과도 대체로 즉시 드러난다. 취직을 시켜주느냐 못 시켜주느냐, 귀성길에 차량이 몇 대쯤 되었는가, 이런 것도 객관적으로 결과가 나타난다.

하지만 심리학적으로 인간을 본다면, 이 '마음'이란 것이 보이지 않기에 여러 가지 애매한 학설을 내어놓아도 즉시 반격을 받거나 들통이 날 우려가 적다.

마음은 전기처럼 이해할 수도 있다. 아무도 본 적도 만져본 적도 없지만, 그 막강한 힘은 실로 가공할 만한 것이기 때문이다. 결혼의 문제를 호소하는 사람도 배우자가 하는 행동에 대해 불평을 터뜨리지만, 실제로는 그 사람의 마음에 대해서 불평을 터뜨리는 경우가 많다.

"너무 참을성이 없어요. 이기적이고요. 좀 달라지게 할 수 없을까요?"

"이해심이 없고 속이 아주 밴댕이 소갈딱지만 한 거 있지요? 속이 좀 넓어지는 방법은 없나요?"

대체로 자기 배우자를 이런저런 사람으로 바꾸어달라는 것은, 성형을 해달라든가 이름을 바꾸어달라는 것이 아니라, 그렇게 행동하게 만드는 마음을 변화시켜 달라는 말과 유사하다.

애석하게도 배우자의 마음을 바꾸는 것은 강압적으로 몰아세운다고 되는 일이 아니다. 강요하면 겉으로 드러나는 행동은 바뀔 수 있을지 몰라도 마음 자체가 바뀌기는 어렵다. 게다가 강요당하는 마음은 어두운 동굴 속에서 밖으로 나오지 못하고 일그러지기 시작한다. 사람들은 자기 마음을 있는 그대로 내어놓아도 좋은 사람과 함께 있으면 아주 편안하고 즐거워한다.

> 어떤 정신과 의사는 마음을 털어놓을 수 있는 진정한 친구 한 사람만 있으면 정신병에는 걸리지 않는다고 공언하기까지 한다.

친구란 물론 배우자나 형제, 친구, 동료일 수도 있다. 배우자가 친구 같은 사람이라고 말할 때는, 함께 놀기 좋은 사람이 아니라 자기 마음을 있는 그대로 보여도 안전한 경우를 가리킨다. 마음을 그대로 보인다는 것이 두 사람이 꼭 의견이 일치해야만 한다는 뜻은 아니다.

합의점에 이르도록 노력하는 과정에서 상대방의 마음을 해안에 침범한 왜구 무찌르듯 하지 않는다는 뜻이다.

절대빈곤이 문제였던 시기에는 먹느냐, 굶느냐 하는 생존의 문제가 모든 문제의 우위에 서 있었다. 그러나 이제 먹을 것은 전보다 풍부해지고 가족은 핵가족의 양상을 띠고 있다. 그 와중에서 대중문화는 사람들이 어리둥절해하는 가운데 끊임없이 결혼의 행복 모형을 보여주고 있다. 그 모형에 저항하거나 순응하면서 우리는 자신의 생각과 매스컴의 생각이 뒤죽박죽으로 뒤엉키는 시대에 살게 되었다.

이제 심리학은 병리현상보다도 일반적인 자녀의 양육이나 결혼의 행복과 갈등 같은 부분에 관심을 쏟기 시작하고 있다. 가정이라는 작은 우주에서 파생되는 문제가 일파만파로 사회로 퍼져 나가는 것을 알게 되었기 때문이다. 정신질환이나 극단적인 범죄 같은 것이 자라나는 모판도 가정이기 때문에, 가정의 중요성은 점점 더 크게 부각되고 있다. 가족 내의 삶의 의미와 행복을 가늠하게 해주는 사랑과 일, 그리고 놀이의 이해에 적극적으로 관심을 보이고 있는 것이다.

사회에서 일어나는 각종 비리나 범죄, 중독증 같은 불행한 문제들이 과연 개인의 심리적인 결함에서 비롯되는가, 아니면 사회적 구조의 모순에서 비롯되는가는 오래된 연구 과제이다. 그러나 개인이나 사회의 어느 한쪽에만 그 책임을 전적으로 전가하기는 어렵다.

이런 의미에서 개인과 사회 사이에 징검다리처럼 놓여 있는 가족의 존재는 심리학적인 관심을 끌기에 충분하다. 이 작은 소우주에서 모든 사건들이 그 씨앗을 배태하는 경향이 있기 때문이다. 가족 중에서도 가장 중요한 구성요인을 이루는 사람은 두말할 것도 없이 함께 일생을 부부로 지내기로 약속했던 한 남자와 한 여자이다.

> 그렇다면 과연 심리학은 궁합이나 사주처럼 결혼한 남녀의 앞날도 점쳐볼 수 있는가, 앞으로 결혼생활에서 일어날 일들을 정확성을 지니고 예언할 수 있는가, 하는 점들이 초미의 관심사일 것이다. 결혼생활에서 일어나는 행동의 동기 뒤에 그 행동을 촉발시킨 '마음'이라는 심리학적 결정체가 버티고 있기 때문이다.

이 부분을 잘 이해하지 못하면 결혼의 갈등을 다루는 예방적인 차원에서 감당하지 못한 문제들이 사회적으로까지 파급되어 큰 문제로 확대될 수도 있다.

사람들은 별도로 심리학을 공부하지 않더라도 자신이나 다른 사람을 이해할 때 어떤 심리학적 시각을 전제로 하는 경향이 있다. 물론 인간에 대한 심리학적 접근이 아주 단순하고 명쾌하게 이루어지는 것은 아니다. 인간은 복잡다단한 유기체라 그렇게 단답형으로 답이 나오는 존재가 아니기 때문이다.

이런 관점에서 본다면, 심리학적 시각이 판이하게 다른 두 사람이 한집에서 공존하기 위해서는 대화가 필수불가결하다. 대화가 필요하다는 이야기를 그렇게 많이 들으면서도 어려움을 느끼는 이유 중 하나는 자기가 대화를 나누고 있는 것인지, 설득하고 있는 것인지, 강요하고 있는 것인지 스스로에게도 경계가 불분명하기 때문이다.

대화라는 것은 겉으로 보이지 않는 그 사람의 마음이 자연스럽게 흘러나오도록 돕는 작업이며, 내 마음을 있는 그대로 진솔하게 전달하려는 작업이다.

단순하게 그 방법을 말해보자면, 다른 사람이 이야기할 때 잘 들으면서 끝까지 그 말을 마치도록 하는 점이 중요하다. 그리고 거기에 대해 내가 하고 싶은 이야기가 있으면 비난하거나 공격하지 않고 간결하게 내 생각이나 느낌을 이야기하는 것이다.

> 배우자가 자기 마음을 자연스러운 샘물처럼 흘러나오게 할 수 있고, 자신도 그렇게 할 수 있다면, 비록 견해가 다르더라도 좀 더 쉽게 마음의 하모니를 이룰 수 있을 것이다.

합창을 할 때 서로 다른 음끼리 조화가 안 되면 세상에 듣기 싫은 불협화음이 되지만, 다른 음끼리 조화가 잘되면 천상의 음악 같은 하모니를 만들어내는 것과도 같은 이치일 것이다.

불행하다고 말하기

솔직한 것이 미덕으로 찬양되는 시대에 접어들었다고 해도, 우리가 다른 사람에게 감히 불행하다고 말하기는 쉽지 않다. 그 말이 입 밖에 나올 때는 인생의 문제가 이미 부패해서 곰팡이가 슬 지경에 이르렀을 경우가 많다.

"결혼생활이 너무 불행하다."
"인생이 너무 불행하다."

이런 이야기를 인생의 주제가처럼 입에 달고 다니면서 노상 울부짖는 것도 도움이 안 되기는 마찬가지다. 그렇다고 남들에게 행복하게 보여야 한다는 생각에 이런 문제를 지나칠 정도로 은폐하고 있는 것도 도움이 되지는 않는다.

밖으로 내어놓지 못하는 마음이 안에서 부패하기 시작하면서 개인의 삶이나 부부 관계를 서서히 부식시켜 가는 경우도 드물지 않다.

배관 공사를 하는 사람들이 제일 꺼려하는 것이 어디서 새는지 모르게 미세한 습기가 천장을 잠식해 들어와 얼룩이 번져나가는 경우라고 한다. 새는 부분을 찾기가 매우 어렵기 때문이다. 차라리 어느 순간 터져버리는 파이프는 온 집안을 물바다로 만들지 모르지만, 터진 부분을 찾아내서 새로운 파이프로 갈면 일단은 물을 멈추어볼 수 있다.

안개처럼 퍼져 들어오는 불행의 선연한 감촉…… 이것은 경험해본 사람이 아니면 이해하기 어렵다. 무어라고 설명할 수도 없고 대처할 수도 없이 서서히 인생이 젖어 들어가는 기분…….

아무에게도 내색을 하지 않고 도움을 청하지도 못하면서 그 결과 누적된 우울이 인생을 지배하러 걸어오는 발자국 소리가 들리는 것이다.

전에 함께 워크숍에 참석했던 한 중년 여자는, 첫 시간에 자신을 무난하고 성공적인 삶을 살고 있는 전업주부라고 소개했다. 그날 일과가 끝난 후 그냥 좀 이야기를 나눌 수 없겠느냐고 하더니, 느닷없이 자기는 결혼하고 한 번도 행복해본 적이 없다는 이야기를 꺼냈다. 자기가 그런 말을 하고 있는 것을 알면 아는 사람들이 다들 놀랄 것이라고 했다. 남편의 직장도 탄탄하고 아이들도 다 잘 자라 좋은 대학에 들어갔기 때문이었다. 세칭 현대사회에서 말하는 행복의 기본 조건은 다져져 있는 셈이었다.

남편은 자기 분야에서 업적을 이루었고 사람들에게 훌륭한 사람으로 알려져 있다고 했다. 그렇지만 그는 함께 살기에 너무 괴로운 사람인데, 그 부분을 설명하는 것은 어렵지만 아무튼 남편과 마음을 나누는 것은 불가능하다고 했다.

십 년 전쯤, 오래 생각한 끝에 이렇게 살아가려면 헤어지는 것이 좋겠다고 했더니, 남편은 그 말 자체를 이해하지 못했다고 한다. 대체 뭐가 문제냐면서, 아내가 이상한 것은 성장과정에 문제가 있었기 때문이라고 몰아붙이더라는 것이다. 남편은 사랑이라는 것이 무엇인지 모르는 사람이라고 여자는 말했다.

남편은 어머니가 재혼한 것이 늘 열등감으로 작용하는 아내의 자존심이 바닥까지 내려가도록 깊은 상처를 주는 말을 예사로 한다고 했다.

"당신의 집안 혈통상 더 나은 것을 요구하는 건 무리겠지."

"나는 원래 바탕이 안 되는 것을 강요할 만큼 막된 사람은 아니야."

남편은 관대한 입장을 지닌 자신의 태도에 대단히 도취되어 있는 것처럼 보인다고 했다. 전혀 표정 없이 얼굴을 때린 경우도 몇 번 있었는데, 나름대로 사과를 하고 나서, 그런데도 기분이 안 풀리는 건 아내의 문제라고 말한다는 것이다.

이제 두 사람은 한방을 쓰지 않는다고 했다. 남편은 다른 사람들 앞에서는 각별히 다정하고 관대한 모습을 보이는데, 그런 모습도 정말 싫고 거기 동조해서 행복을 연출해 보이는 자신도 너무 싫다고 했다.

이 여자가 확신하고 있는 것은 한 가지였다. 두 사람은 절대로 결혼을 하지 말았어야 한다는 것이다. 이 남자에게 애정이 있는 건지 확실하지 않았지만 혼자 살아갈 자신이 서지 않았고, 더 이상 계부의 집에 있고 싶지도 않았기 때문에 그냥 결혼했다고 그녀는 말했다.

●

> 결혼을 하면 괴로운 시절은 다 끝나고 장미꽃밭이 눈앞에 전개되는 것은 아니다. 그렇기 때문에 현실을 도피하는 방법으로 결혼을 택하는 것은 위험부담이 크다는 사실을 여자는 애써 외면하려고 했던 것이다.

처음에는 남편이 자신의 입장을 이해하고 받아주었다고 생각했는데, 오히려 괴상한 방법으로 여자의 상처를 건드린다고 했다. 그리고 그럴 때마다 참을 수 없는 굴욕감을 느끼게 한다는 것이다.

여자는 굴곡이 없는 어조로 이야기했다.

"무엇 때문에 살고 있는지 아무리 생각해도 이유를 찾아내기가 힘들어요."

그러더니 조금 망설이다가, 자기가 사실은 술을 많이 마시고 있다고 말했다.

얼마나 더 이런 인생을 살아야 하는지 공허하고 의미 없는 느낌이 들 때마다, 작년부터 몰래 혼자 한 잔씩 마시던 것이 두 잔이 되고 세 잔이 되고…… 그렇게 되었다는 것이다.

그러다가 어느 날 자기가 스스로를 죽이고 있다는 것을 깨닫고, 자신의 불행이 너무 깊은 것이 몹시 슬퍼서 오래 울었다고 말했다.

그녀는 정신과 의사나 상담자에게 가기가 두려운 이유가, 혹시 자신에게 큰 문제가 있다고 진단을 내리거나 심각한 병명을 붙일까 봐 너무 두렵기 때문이라고 고백했다.

그런대로 이런 삶에 정착하게 되었다고 여겼었는데, 이즈음에는 모든 것이 허무한 생각이 들어 그냥 이대로 죽는 게 낫지 않을까 싶다고 했다. 남편은 집에 오면 피곤하다는 말만 할 뿐, 조금이라도 자기 심정을 이야기하려고 들면 사는 게 너무 편해서 그러니까 자기계발이라도 해보라고 냉담하게 말한다는 것이다.

성장한 아이들은 얼굴 보기도 힘들고, 무슨 이야기라도 건네보려면 왜 그러냐고 성가셔하는 통에 말을 걸기도 힘들다고 했다.

하루 종일 집 지키는 강아지가 된 것 같을 때도 있는데, 더 괴로운 점은 집 지키는 강아지도 필요 없는 아파트에서 살고 있다는 것이다. 그렇다고 밖에 나가고 싶지도 않고.

불면증이 심하고, 잠이 안 올 때마다 일어나서 술을 마신다고 했다. 이성스러울 정도로 짜증이 나고 세상 모든 사람들에게 화가 치밀 때도 있는데, 어디서부터 무엇이 잘못되었는지 자기도 잘 모르겠다는 것이다.

빅터 프랭클의 의미치료 관점에서 본다면, 그녀는 살아가야 하는 의미를 잃어버린 경우이다. 이런 사정을 전혀 모르는 친척에게서 교회에 다니라는 권유를 받고 다녀보았는데, 전혀 도움이 되지 않는다고 했다.

내게 의논을 하게 된 계기는, 마시는 술의 양이 자꾸 늘어나 너무 두렵기 때문이라고 했다. 자기 같은 사람도 남을 돕는 상담일을 할 수 있는지 걱정된다고 덧붙였다. 마음의 상처를 입었던 사람일수록,

그 상처를 극복할 힘이 생기면 그 누구보다 더 큰 도움을 주는 상담자가 될 수 있다는 내 말을, 그녀는 조용히 듣고 있었다.

그녀는 계속해서 상담 공부를 하고, 일주일에 한 번씩 가정폭력에 시달리는 사람들의 전화 상담을 시작하면서 우울증에서 회복되어 갔다. 가까운 친구들도 생겨 함께 모여 공부하고 이야기도 하게 되었다면서, 어느 날 내게 전화를 해왔다.

"내가 너무 불행하다고 이야기해버리고 나니까 새로 삶을 시작해볼 용기가 생겼어요."

그녀는 괴로운 심정을 처음 토로하고 나서, 다른 사람들과 이야기를 나누면서 조금씩 나아지고 있는 자신이 신기하고 대견하다고 말했다. 이제 술은 마시지 않는다고 했다. 짧은 기간 음주량이 늘어난 경우라서, 친구가 생기면서 단주가 가능했다.

한 번도 입 밖에 내어놓지 않던 불행하다는 말을 하면서 마음의 창문을 열어 환기를 시작했던 것이다. 이제 그녀의 삶 속에 들어온 맑은 공기가 그녀의 마음을 잘 이끌어 가기를 바랄 뿐이다.

마음의 문을 열기

자기 얼굴이나 신체조건, 이름, 직업, 주소 등 생리적·사회적인 나를 있는 그대로 살펴보는 것은 비교적 간단한 일이다. 물론 말릴 수 없는 공주병 환자도 있어서, 거울 속에 보이는 자기 모습에 심취해서 콧노래가 저절로 나오는데 다른 사람들에게는 영 '아니올시다'인 경우도 있기는 하다.

대체로 우리는 '누구시냐'는 질문에 대해, 어디 사는 누구라든가, 무슨 일을 하는 누구라든가, 어떤 용건을 지닌 누구라든가 하는 식으로 대답한다. 전혀 예기치 않은 시간에 누군가가 벨을 눌렀을 때 누구냐고 물으면, 상대방이 하는 대답이 바로 그런 것들이다.

"세탁손데요."

"저 옆집인데요."

대체로 이런 반응들이다.

"세탁소에서 온 몹시 고독한 사람입니다."

"남편 때문에 곧 죽고 싶은 옆집이에요."

이렇게 이야기하지는 않는다. 그랬다가는 '엽기적인 남자'나 '엽기적인 여자'로 간주되기 때문이다.

사람들은 사회적인 관계에서 심리적인 자신을 쉽게 내보이지 않는다. 행선지가 마음에 안 든다고 화를 내는 운전기사나, 우울한 표정으로 물귀신처럼 움직이는 식당 종업원을 만나면 당황스러운 이유가 여기에 있다.

엘리베이터에서 다른 층에 사는 사람을 만났을 때 "안녕하세요?"라고 물으면 "그럼요." 하고 대답하는 것이 대체적인 예의이다. 우리가 슬슬 피하기 시작하는 사람은 부정적인 방법으로 심리적인 자신을 제시하는 사람들이다.

한두 번 본 사이에 그저 인사로 "안녕하세요"라고 말했는데, "전혀 안녕하지 못해요. 어젯밤에도 죽을까, 십삼 층에서 뛰어내릴까, 별별 생각을 다했어요. 글쎄, 우리 남편이요······."

이렇게 나오는 경우, 다음에 그 사람을 만나면 무슨 말을 건네기가 겁이 날 수도 있다. 그 여자는 자신을 남에게 드러내는 데 있어 말하자면 '오바'를 하고 있는 것이다.

자신의 심리적인 상태에 대해 늘 감추고 토로를 하지 말라는 것은 아니다. 다만 그런 심리적인 토로는 서로 들어줄 용의가 있는 상당히 가까운 사람 사이라야 그 효과가 있다는 것을 기억하는 것이 좋다.

냉담한 부부관계란 심리적인 자신을 드러내지도 않고 육체적인 관계도 없이 사회적인 관계만 유지하는 사람들이다. 그러다가 어느 날 그 사회적인 관계마저도 유지하고 싶지 않다는 판단이 서면, 결혼은 파탄이 나고 마는 것이다.

하지만 심리적으로 자신을 살펴본다는 것이 쉽지 않다.

'내가 도대체 누구일까.' 하는 질문은 우리가 어려운 문제에 부딪힐 때 깊이 생각해보게끔 해준다. 이럴 때 우리가 자신에게 묻고 있는 것은 심리적인 자신에 관한 것일 경우가 많다. 기억상실증에 걸리지 않은 이상 내 이름은 무엇일까, 나는 도대체 몇 살일까, 내 주소는 대체 어디인가, 이런 질문을 스스로에게 던지지는 않기 때문이다.

서로 친한 사람들은 심리적인 자신에 관해 이야기를 나눌 수 있고, 서로 헤아려주고 위로를 나누는 사람들이다. 가족 구성원들이 심리적인 자신에 관해 소통 없이 입을 다물기 시작하면, 그 집안에는 소한 추위 수준의 찬바람이 불기 시작하는 것이다.

"우리 남편은 무슨 생각을 하고 사는지 모르겠어요. 말을 해야 알지요."

"아내하고 나는 남남이나 다름없어. 밥해주면 먹고 돈 벌면 갖다주고…… 그게 다야. 아이들까지 지 에미를 닮아 가지고 뚱해 있는 거 있지."

이렇게 되면 한 공간에 식구라고 함께 앉아 있는 것이 불편해지지 않을 수 없다. 대화가 없는 것을 텔레비전을 켜놓고 왕왕거리는 소음으로 감추어볼 수도 있지만, 가족은 가끔씩 심리적인 자신을 보여주고 확인받을 필요가 있다. 중요하다고 생각되는 사람들에게서 '사랑한다'는 말을 그토록 듣고 싶어 하는 이유도 여기에 있다.

부부 싸움하는 양상을 보면, 격분한 상태만 드러내지 그 밑에 깊이 가라앉아 있는 슬픔이나 당황, 절망에 대해서는 제대로 표시하지 못하는 경우가 많다.

"왜 또 그래?"

"왜 울어? 아, 왜 우냐고? 왜 재수 없이 우냐고? 말을 해야 알 거 아니야."

이건 말하라는 소리인지 말하지 말라는 소리인지 구분하기가 어렵다.

몸이 아프거나 뚜렷한 사건이 없는데 사람들이 울거나 언짢아 할 때는 심리적으로 어떤 문제를 안고 있다고 보아도 무리가 없다.

"소갈딱지는 좁아 터져 가지고······."

"이해심이라고는 한 점도 없으면서······."

이렇게 말하는 경우는 상대방의 심리적인 정체성에 대해 내가 이미 모욕적인 정의를 내리고 있는 셈이다. 이런 접근에 대해 진솔한 자신을 내보이기는 심히 어렵다.

"그런 소리 마. 내 소갈딱지가 얼마나 넓다고. 당신하고 살아주는 거 봐."

"왜 한 점도 없어. 내가 무슨 고스톱 점수인 줄 알아."

이렇게 농담으로 받을 수도 없는 것이다.

"자기 마음만 마음이라고……."

남들이 이렇듯 혀를 차게끔 하는 사람은, 심리적인 자신은 멋대로 전시하면서 다른 사람들의 심리적 정체성에는 무심한 사람이다.

이런 배우자를 만나게 되면 정서적으로 섬세하고 예민한 사람은 커다란 상처를 받을 우려가 있다.

결혼을 결심하기 전에 상대방을 평생 살아갈 집을 고르듯이 조심스럽게 살펴보아야 하는 이유가 바로 여기에 있다고 하겠다.

5
이혼이라는 이름의 검색

우리가 이혼하고 싶을 때 ♥ 이혼은 과연 만병통치약인가 ♥ 내 결혼에 관한 정직한 질문 다섯 가지 ♥ 내 인생의 가해자는 누구일까 ♥ 누가 이 남자를 도울 것인가 ♥ 대화할 것인가, 추궁할 것인가 ♥ 내 마음을 비추는 거울 ♥ 이혼이라는 이름의 잡지 ♥ 끝나지 않은 승부 ♥ 내 마음을 들어주세요

우리가 이혼하고 싶을 때

결혼 상담을 받으러 왔던 두 남자 이야기는 여러모로 시사하는 바가 크다.

회사원으로 종사하다가 명예퇴직을 하게 되었다는 40대 중반의 한 남자는, 아내가 결혼 전 약속을 지키지 않기 때문에 이혼을 결심하고 찾아왔다고 했다.

결혼 당시 홀어머니를 모셔야 하며 아이는 둘을 낳겠다는 그의 의견에 아내는 찬성했었다. 그런데 이제 결혼해서 6년이 지났는데, 시어머니를 모시지도 않고 아이를 하나 더 낳을 생각도 하지 않으면서 자기가 하고 싶은 사회생활만 하려고 하기 때문에 이혼할 수밖에 없다고 그는 말했다.

남편의 의견이 받아들여지지 않는 가정은 이미 가정이 아니라는 그의 주장 속에 '아내가 원하는 삶은 과연 무엇인가'라는 생각은 비집고 들어올 틈이 없었다. 이 사람은 인생에서 한 번 한 약속은 목숨을 걸고 지켜야 한다고 생각하는 것 같았다.

평범하고 무리 없는 가정생활을 유지해온 50대 중반의 남편 이야기는 이와 상반되는 경우이다.

자녀들도 잘 자라고 무난한 결혼생활을 유지해왔는데, 아내가 쉰 살이 되면 이혼해달라는 말을 내내 입버릇처럼 하더니 쉰 살이 되자 하도 끈질기게 이혼을 요구해 와서 더 이상 버티기 어려워 이혼을 해줄 수밖에 없었다고 했다.

아내가 말하는 이유라는 게 이제 그만 좀 혼자서 살고 싶다는 것뿐이라고 했다. 정신을 차려 보니 도저히 이해할 수 없는 일이 일어났는데, 자기는 그 이유조차도 잘 알기가 어렵다는 것이 그의 하소연이었다. 우리나라의 전통적인 결혼의 관점에서 본다면 도저히 일어날 수 없는 일이 일어난 것이다.

폭력과 외도에 지친 아내들이 이혼을 생각한다는 상투적인 설정과 달리, 이즈음에는 상당히 보편적인 남편들도 자신의 자리가 흔들리기 시작하는 위태로움을 느끼고 있다.

아내를 개인적인 정체성을 지닌 인간으로 바라보지 못하는 남편들은 남성의 기득권이 퇴색해가는 사회 분위기 때문에 불안감과 좌절, 분노를 가정에서 표출하곤 한다. 이러면 아내들도 누적된 불만을 터뜨릴 가능성이 높아진다. 이런 경우 부부는 불행한 인간관계에서 오는 갈등을 해소하기 위해 이혼을 생각해본다.

이제 사람들은 대가족에서 핵가족으로 이행하는 과정에서 집단

보다는 개인의 삶의 질을 중요시하고 있다. 불행한 결혼을 어쩔 수 없는 운명이라고 받아들이지 않는 사람들은, 그 틀을 깨뜨리고 새로운 삶을 시작할 수 있다는 견해를 갖게 된 것이다.

> 삶의 깊은 불행은 결혼이라는 한 가지 이유에서만 비롯되는 것은 아닐 것이다. 그러나 폭풍 속에서 배가 난파하듯 인생이 좌초하기 시작하면, 사람들은 가장 무거운 짐부터 밖으로 내던진다. 예전에는 결혼이 특히 여성에게 생존과 직결된 문제라 아무리 힘들어도 내던질 수가 없었지만, 현대에 와서 결혼도 내던질 수 있는 목록 중 하나가 되어버렸다.

결혼상담소를 찾거나 이혼을 결심하는 부부는 여러 가지 이유로 불만스럽고 불안정한 상태에서 지속적인 갈등과 상호 파괴적인 특성을 오랫동안 드러냈던 경향이 있다.

오아시스가 메마르는 것은 하루아침에 일어나는 일이 아니다. 중국에서 개발을 앞세워 나무를 베어내고 그 자리를 내버려두자, 점차 오아시스가 사라지고 나무들이 죽어 사막이 된 땅에서는 황사바람을 우리나라에까지 날려 보내고 있다.

결혼 초기에 어느 정도는 내재해 있던 부부의 사랑의 샘물을 말려버리는 것은 과연 무엇일까. 일단 그 물줄기가 근원도 찾을 수 없이 바싹 메말라버리면 다시 복구하기는 거의 불가능하다. 남은 것은 황사바람뿐이다.

결혼생활에서 중요한 점은 자신이 바라는 것을 추구하면서 동시에 배우자가 바라는 바도 함께 헤아리고 배려하는 것이다. 자신이 바라는 것을 뒤로 미루기만 하면 극심한 우울과 좌절을 경험하게 되고, 배우자가 바라는 것을 전혀 헤아리지 않으면 두 사람 사이에 반목과 불만이 싹트게 되기 때문이다.

이혼은 과연 만병통치약인가

대상으로 성공한 아버지가 임종을 앞두고, 아들을 불러 앉혀놓고 인생을 성공으로 이끄는 두 가지 비결을 가르쳐주었다.

"그 하나는 한 번 한 약속은 목숨을 걸고 지켜야 한다는 것이다."

아들이 다른 하나는 무엇이냐고 묻자, 상인이 대답했다.

"그것은 죽게 되지 않으면 쉽사리 약속하지 않는 것이다."

인생의 단면에 대한 통찰이 담겨 있는 탈무드 속 이야기가 인생의 중요한 약속들에 대해 깊이 생각해보게 한다. 결혼처럼 큰일을 약속이라는 관점에서 본다면, 이 이야기에 수긍하는 부분이 있을 것이다. 그러나 현실적인 삶을 영위해나가는 일상사에서, 상황이 바뀌었는데 한 번 약속했다는 것 때문에 융통성 없이 고집하는 경직성이 때로 문제가 될 소지도 있다.

실질적인 이혼으로 결혼생활을 마무리 지으려 할 때, 바라는 바를 얻게 되는 부분도 있지만, 그보다 더 많은 부작용을 감수해야만 한다.

5. 이혼이라는 이름의 검색

사회적인 격리, 가족 구성원들과의 격리, 종교적인 압박감, 경제적인 어려움 등 수많은 장애물들이 두 사람 앞에 들이닥친다. 이러한 엄청난 고통이 뒤따른다는 것을 잘 알면서도 파경을 맞는 부부들이 증가하는 현실을 합리적으로 설명하기는 어렵다.

> 사랑이 없는 결혼을 유지하면서 인생을 낭비하고 싶지 않다고 생각하는 경우도 있고, 지나친 폭력이나 배우자의 혼외정사, 유기, 학대 때문에 결혼을 지속하기 어려운 사유가 있는 경우도 많다. 특히 성향이 너무 달라 어떤 일에서도 함께 즐거움을 느끼기 어렵다면 그 결혼을 쇠사슬로 묶어둔다고 해서 더 좋은 관계가 되기는 어렵다.

'과연 이 결혼을 지속해야 하는 것일까.'
이것은 결혼한 사람들이 적어도 한 번 이상 던져보는 질문일 것이다.
"나는 그런 생각을 해본 적이 없다. 그냥 매일매일이 행복하기만 하다. 결혼하고 나서 진짜 행복해서 제정신을 차리기 어렵다."
이렇게 주장하는 사람이 있다면 그야말로 문자 그대로 제정신이라고 보기 어렵다.
옛날과 달리 스스로 배우자를 선택하는 현대사회에서 이혼 문제가 오히려 더 부각되고 있다는 사실은 아이러니한 일이다. 오죽하면 결혼이라는 제도의 자물쇠를 너무 쉽게 풀지 못하도록 법적, 사회적,

경제적으로 그토록 많은 겹겹의 장치가 놓여 있을까.

이혼을 고려하고 있는 사람들을 제일 먼저 가로막는 문제는 삶의 패배감과 더불어 오는 자녀에 대한 죄책감이다. 이혼을 막는 장치가 강할수록 자녀들이 살아가면서 받게 될 고통과 불이익도 더 심할 것이기 때문이다.

노년에 접어드는 부모의 문제도 있다. 어떻게 이혼을 해서 부모의 가슴에 대못을 박을 수 있는가라는 망설임이 결심을 무뎌지게 하기도 한다.

어떤 이혼이든지 그 정확한 이유를 실험실의 화학구조처럼 가려내기는 어려울 것이다. 원인 분석이 잘 안 되면 대처 방안도 제대로 마련하기가 어렵다.

그런데 흥미롭게도 이혼한 사람들 중 많은 이들이 재혼을 시도한다. 결혼에 진절머리가 났다고 하면서도 문제는 결혼에 있었던 게 아니라 배우자를 잘못 골랐던 자신의 실책이라고 생각하는 셈이다. 그러면서 이번에는 두 눈을 똑바로 뜨고 상대방을 골랐다고 믿고 싶어 한다.

하지만 결혼의 성패가 상대방보다 나 자신에게 더 많이 달려 있다는 것을 깨닫지 못하면, 배우자를 바꿔보아도 소용없다는 것을 재혼의 높은 실패율이 잘 보여주고 있다.

이런저런 이혼의 불이익을 감당하기 버거운 사람들은 독특한 결혼의 형태로 접어든다. 한 지붕 아래서 살지만 정서적으로나 신체적으로는 이혼한 상태로 들어가기도 한다. 호적상으로는 부부로 되어 있고 우체국에서는 두 사람의 우편물을 한집으로 배달하고 있지만, 마음의 배달부는 전혀 움직이지 않는 상태에 도달하는 것이다. 이렇게 되면 물론 각방을 쓰면서 말도 잘 나누지 않는 불편한 동거가 시작된다.

●

> 결혼하면 저절로 좋은 일만 일어나는 게 아니라는 것을 일찍 터득한 부부일수록 성공적인 결혼을 유지할 승산이 높다. 그들은 인생에서 얻는 것이 있으면 잃는 부분이 있고, 잃는 것이 있으면 얻는 부분도 있다는 것을 알고 있기 때문이다. 이 복잡한 결혼의 게임을 극복하지 못하고 극도로 불행해진 주위 사람들을 보며 자란 사람들은, 결혼에 심각한 회의를 품고 전통적 결혼에 대한 대안들을 궁리해보게 된다.

첫 번째 대안은 독신으로 지내는 것이다. 그런데 거의 모든 연구 결과가 독신자가 기혼자보다 개인적으로 덜 행복하고 또 단명한다고 보고하고 있다. 복잡한 관계를 기피한다고 해서 저절로 행복이 오는 것은 아니라는 이야기다.

그 다음 선택은 동거생활을 하는 것인데, 특히 젊은이들 사이에 인기 있는 대안이다. 성적인 갈증이나 고독은 해소하고 싶지만 쓸데없이 번잡한 관계 속에 들어가고 싶지는 않다는 자기표현인 셈이다. 동거는 낭만적인 사랑이 시들거나 자녀를 원하게 될 때, 헤어지든가 결혼하든가 양자택일을 해야 하는 갈등상태에 들어가곤 한다.

또 다른 선택으로, 다양한 형태의 집단 가족 구성원으로 이루어지는 생활을 추구하는 경우도 있다. 그러나 얼마 지나지 않아 이탈하려는 멤버가 반드시 등장하는 것이 이 대안의 약점이다.

결혼 자체가 그다지 합리적인 제도라고 보기 어려운 점이 있는 것은 사실이다. 특히 낭만적인 사랑에 빠져 한동안 강하게 마음이 끌렸다는 이유만으로 인생 전체를 한 사람에게 담보 잡히려 드는 것은 무모한 일일지 모른다.

하지만 결혼에 대한 여러 가지 대안도 인간에게 본질적인 만족을 주기는 어렵기 때문에, 당분간 전통적인 형태의 결혼은 지속되지 않을까 싶다. 친밀한 관계를 형성할 수 있는 좋은 결혼은, 우리에게 삶의 다양한 문제들을 이겨나가는 실마리를 던져주기도 하기 때문이다.

하지만 이혼이 불행한 삶에 만병통치약이 되기 어려움에도 불구히고, 개인주의가 팽배해가는 현대사회에서 이혼은 여러 가지 이유로 더 늘어나고 있다.

> 부부관계가 사막화되어 헤어지는 극약처방을 하기 전에, 자신과 배우자를 보는 관점에 변화가 오도록 시도해보아야 한다. 서로의 장점에 시각을 돌리려고 노력하는 동안 화해에 이르는 경우도 드물지 않다.

사람들이 불행한 결혼의 대안으로 이혼이라는 최종 결정을 내리기 전에 여러 가지 형태로 삶을 재점검해보는 것은 매우 바람직한 일이다. 우리가 결혼 외적인 다른 불행의 요소들까지 스스로 책임지지 않은 채, 안일하게 그 원인을 결혼에 떠넘기고 있지는 않은지 깊이 생각해볼 필요가 있다.

내 결혼에 관한 정직한 질문 다섯 가지

어느 날 창밖을 내다보며 시름없이 앉아 있다가, '과연 나는 뭐하러 살고 있는 것일까.' 하는 생각이 들며 하염없이 쓸쓸해져서 눈물이 고이는 경험을 해보았다고 고백하는 주부가 의외로 많다.

물론 그런 감정의 촉발제는 의외로 가족들의 말이나 몸짓 같은 아주 작은 일일 수도 있다. 자신이 가정에서 하고 있는 힘든 일들의 의미가 무시되는 것 같은 느낌이 들기 때문이다. 하기야 우리를 슬프게 하는 것들은 그밖에도 한두 가지가 아니기는 하다.

누구나 결혼 자체가 무의미한 것 같은 느낌을 경험해보았을 것이다. 완벽한 사람은 없고, 완벽한 관계나 완벽한 행복이란 존재해본 적이 없으니 말이다.

'나는 왜 결혼했는가?'
'하필이면 지금의 배우자를 선택한 이유는 무엇인가.'
'왜 그때를 택해서 결혼했는가.'

'결혼 당시 나의 소망은 무엇이었는가.'
'나는 그때 이 사람과 결혼함으로써 삶에 무엇을 보태고 싶었을까?'

배우자와 헤어져야겠다는 결심이 굳어지는 단계에 이르렀다면, 먼저 나 자신과 결혼에 대한 정직한 탐색을 해볼 필요가 있다.

첫째, '나는 왜 결혼했는가?' 자신에게 물어보는 것이다.

부모 때문에, 혹은 이런저런 상황 때문에…… 이렇게 외부 탓을 하는 답이 나온다면, 철저하게 정직하다고 볼 수 없다. 내가 원하는 무엇인가 있었기 때문에 어쨌든 결혼했다고 보는 것이 더 타당하다. 누가 듣고 있는 것도 아닌데, 나 자신에게까지 정직하지 못하다면 바람직한 해답에 이르기 어렵다.

둘째, '하필이면 지금의 배우자를 선택한 이유는 무엇인가'를 생각해보는 것이다. 사랑해서인가, 믿음직해서인가, 아니면 나를 버리고 간 그 사람보다 훨씬 더 조건이 나은 사람이기 때문인가, 결혼하자고 한 사람이 그 사람 하나뿐이었는가, 죽자고 따라다녀서 그만 어쩔 수 없이…… 이것도 온전히 정직한 대답이라고 보기는 어렵다. 따라다니는 모든 사람과 결혼할 수는 없기 때문이다.

셋째, 하고 많은 인생의 시기를 두고 '왜 그때를 택해서 결혼했는가.' 하는 것이다. 왜 그렇게 서둘렀는가. 아니면 왜 그렇게 젊음이 다 소진되도록 늑장을 부렸는가.

넷째, '결혼 당시 나의 소망은 무엇이었는가'도 중요한 질문이다. 다른 상황에서 인생을 철저하게 다시 시작해보고 싶었는가, 집을 무조건 떠나고 싶었는가, 사랑하는 다른 사람을 잊고 싶어서였는가, 사회적인 규범을 평범하게 따르고 싶었는가.

"그런 생각은 해본 적도 없다. 남들이 하니까 그저 나도 당연히 따라서 했다."

어쩌면 이것이 가장 정직한 대답일 수도 있다. 사회적인 규범을 따라 그저 모나지 않고 평범하게 살고 싶었던 것이 내 소망일 수도 있기 때문이다. 그렇다면 현재 삶이 모나지 않고 평범한데도 불구하고 어째서 가끔씩 마음은 허공을 떠돌게 되는가? 이런 마음을 헤아려 보려면, 내가 이루지 못했던 소망은 무엇인가, 또는 결혼하면서 그대로 접어버린 소망은 무엇인가를 살펴보는 것이 좋다.

마지막으로, '나는 그때 이 사람과 결혼함으로써 삶에 무엇을 보태고 싶었을까?'라는 질문도 던져볼 수 있다.

위의 질문들에 정직해져야 다음 대답도 정직하게 나올 수 있다.

현실적인 결혼에서 어떤 점들이 내 기대에 맞고 만족스러운가를 질문해본다면 기혼자라는 위치를 지니게 된 것, 아이들의 어머니나 아버지가 된 것, 안정적인 재정 상태를 지니게 된 것, 극도의 고독에서 벗어난 것, 집에 돌아올 때 누군가가 나를 기다려주는 것 등등 긍정적인 부분도 상당히 많을 것이다. 당연하다고 생각되는 사소한 점들이 의외로 내 기대에 맞는 부분일 수도 있다.

그 다음에 던져볼 아주 핵심적인 질문은 다음과 같다.

"과연 어떤 부분이 내 기대와 어긋나고 있는가?"

결혼의 불행을 호소하는 사람들의 주제는 대체로 여기에 집중되어 있다.

"이러려면 뭐하려고 결혼을 했겠어요."

이렇게 말하면서 흐느끼는 주부의 이야기는, 결혼생활에서 자신의 기대에 맞는 것이 하나도 없다는 하소연으로 가득 차 있다.

아마 이런 질문들에 대해 명료하고 구체적으로 생각해본 적이 없는 사람들도 많을 것이다. 그렇지만 아직 늦은 것은 아니다. 지금이라도 이 질문들에 대답해나가다 보면, 이 모든 문제의 원인이 배우자에게 있다는 생각을 조금쯤은 덜어볼 여지가 생길 것이다.

> 어떤 조사 결과에 의하면, "남편이 세상 사람들 중에서 나 하나만을 사랑하고, 존중하고, 귀히 여겨주는 것"이 많은 여자들의 소망이라고 한다. 여자가 된 것에 기쁨을 느낄 수 있도록 칭찬해주고, 격려해주고, 옆에서 지켜주며, 편안히 해주고, 어려운 일이 있을 때 도움을 줄 한 남자를 내 곁에 두는 것이라는 것이다.

한편, 남자들은 대부분 원하는 바를 충족할 수 있고, 남성미를 과시하며 자신이 현명한 지도자로 여겨지기를 소망한다고 한다. 원하는 바를 표현하면 기꺼이 도와줄 수 있는 여자를 원하고, 좋은 음식과 즐거운 성을 원한다는 것이다. 전적으로 나를 위하는 여자를 원하며, 내가 그 여자에게 도움이 된다고 느낄 수 있기를 원하고, 남편으로서 존경받고 사랑받는 사람이 되고 내 집에서는 내가 왕이고 싶어 한다는 보고들이 있다.

결혼한 여성이나 남성들은 서로 이성의 소망을 읽으면서 실없는 웃음을 지을지도 모르겠다. 참, 꿈도 야무지다는 생각이 들기 때문이다. 그렇지만 어떤 경우에도 소망 자체가 나쁜 경우는 없다. 그 소망이 자신이나 타인의 삶에 위해를 가하는 행동으로 바뀌지만 않는다면, 그 자체만으로도 삶의 활력소가 될 것이다.

우리가 인생에 대해 꿈을 꾸는 것까지 못한다면 이 삭막한 세상을 어떻게 살아나가겠는가. 그렇지만 그 소망의 결실은 배우자가 쟁반에 받쳐서 가만히 있는 내 앞에 대령해주는 것이 아니다.

> 나만 꿈꾸는 소망을 지닌 사람이 아니라, 배우자도 꿈이 있는 사람이라는 점을 잊어서는 안 된다.

어떤 여자가 결혼하지 않고 나이가 들었다.
주위 사람이 물었다.
"결혼 안 하신 특별한 이유라도 있으세요?"
"사실은 내내 이상적인 남성을 찾고 있었거든요."
"저런, 그런데 찾지 못하셨군요."
"그런 건 아니에요. 찾기는 했었지요."
"그런데……?"
"그 남자도 이상적인 여성을 찾고 있더라고요."

인생의 아이러니를 경험하게 만드는 농담이 아닐 수 없다.

어쩌면, 부부란 서로 깨어진 꿈을 위로하며 살아가라고 신이 맺어 준 상당히 인도적인 시스템인지도 모른다.

내 인생의 가해자는 누구일까

내담자를 만나는 자리에서, 가끔은 내가 고전적인 추리소설에 나오는 탐정처럼 내담자의 행복을 죽인 용의자들을 추적하는 것 같다는 생각이 들 때가 있다.

살아가면서 불행하다고 느끼는 데는 객관적인 상황이나 문화적인 여건이 가세하기 마련이지만, 모든 불행의 원인이 한 가지 때문이라고만 보기는 어렵다. 비슷한 상황에서도 사람들은 각자 다르게 대응할 힘이 있기 때문이다. 일어난 상황 자체보다도 그 상황에 대한 민감한 반응과 대처방법이 오히려 꼬리를 물고 등장하는 문제를 끌어내는 경우도 적지 않다.

불행하다고 호소하는 사람들은, 자신의 행복이 죽었다고 진술하는 것과 마찬가지이다. 솔직하게 마음을 열고 서로 이야기를 나누며 언제 어떻게 내 행복이 사라지게 되었는지 탐색해나가는 과정은, '이 사람의 행복을 죽인 사람은 누구인가'

에 대한 추적이라고 비유해볼 수도 있다.

"외도한 남편 때문에 불행하다."
"마음에 들지 않는 내 외모 때문에 불행하다"
"나를 들볶는 상사 때문에 불행하다."
"나를 사랑해주지 않는 부모 때문에 불행하다."
"원하는 직장을 얻지 못해 불행하다."
"사랑하는 사람을 잃어서 불행하다."

이런 다양한 진술의 세부적인 내용과 상황을 제거하고 뼈대만 간추려 본다면, 가해자인 누군가의 행동이나 불행한 환경 때문에 자신이 불행하게 되었다는 것이 그 요점이다.

물론 육신을 돌보며 살아가야만 하는 인간의 입장에서 보자면, 절대빈곤이나 지진 피해처럼 엄청난 재난에 직면할 때 느끼는 불행감이 이 범주에 포함되지는 않을 것이다. 이 경우에는 외부의 도움 없이 자신의 힘으로 일어서기는 어렵기 때문이다.

이런 극단적인 상황을 제외한다면, 자신의 행복을 죽인 사람으로 지목되는 사람이 진범인 경우는 드물다. 가령 시어머니가 내 행복을 죽인 진범이라면, 시어머니가 세상을 떠난 후에는 행복이 찾아와야 하는데 그렇게 쉽고 만만하게 인생이 풀리지는 않는다. 시어머니는 사라졌지만, 오래된 관계에서 누적되어온 죄책감이나 우울한 정서에서 오히려 더 헤어나기 어려운 경우도 많다.

배우자가 내 행복을 죽인 진범이라면, 이혼한 후에 새로운 삶과 행복이 찾아와야 하지만 불행하게 끝난 인간관계는 우리에게 그렇게 쉽게 행복을 허용하지는 않는다. 이혼한 후 새로운 성취와 사랑을 찾아내는 여자들의 이야기가 아침, 저녁, 밤으로 이어지는 TV 드라마를 쓰나미처럼 휩쓸고 있지만 현실은 그처럼 달콤하지 못하고 훨씬 더 냉혹한 경우가 많다.

가난이 내 행복을 죽인 진범이라면, 복권에 당첨되거나 주식으로 떼돈을 번 사람의 마음에 햇살처럼 가득한 행복이 저 멀리서 찾아와야 하는데 아이러니하게 그렇게 되는 경우도 드물다.

내 인생의 가해자라고 생각하는 사람이나 제도, 관습에 대한 미움과 증오의 마음은 우리 자신의 영혼부터 잠식하기 시작하기 때문에 사태가 호전된다고 마음도 따라서 금세 밝아지기는 어렵다.

그렇다면 과연 내 행복을 죽인 가해자는 누구인가.

'너 자신을 알라'는 소크라테스의 외침이 우리에게 행복에 관해 가르쳐주는 바는 과연 무엇일까.

혹시 내가 행복을 죽인 대상을 잘못 지목하고 있는 것은 아닌지, 가해자로 보이는 사람이나 환경에 대한 미움과 적대감 때문에 스스로 행복을 죽이고 있는 것은 아닌지, 한번 되돌아보라는 뜻도 담겨 있는 것은 아니었을까.

누가 이 남자를 도울 것인가

남성이 우울증에 걸릴 확률은 여성의 절반밖에 안 되지만, 놀랍게도 자살 성공률은 여성보다 3~15배 높다는 연구 결과가 있다. 도저히 견딜 수 없는 남편의 행동에 대해 호소하는 아내의 이야기를 들어보면, 그런 행동을 하고 있는 남편 자신의 우울증이 상당히 심각하다는 것이 느껴지곤 한다.

"일은 산더미같이 쌓여 있고 자식들까지 나를 실망시켜."
"나는 아무 의욕도 없고 희망이라고는 보이지 않아."
"나는 내 자신이 불쌍해."

이렇게 아내에게 할 수 있다면 그래도 조금 숨통이 트일 것이다. 그러나 이런 이야기를 표출하지 못하고 깊이깊이 마음속에 숨겨두는 남편은 화가 나 있고 불안하며 초조하다. 언어나 행동으로 표현하지 못하지만, 분노와 적개심이 가득 차 있다는 것이 느껴질 지경에 이른다. 가족들에게 퉁명스럽게 반응할 때가 많고, 아내의 입장에 무감각해진다. 극단적인 경우에 이르면 폭력을 행사할 가능성도 있다.

자녀들과도 잘 지내지 못하고, 친구들에게도 화를 내며, 사소한 일에 고집을 부리며 양보하지 않고, "그따위가 다 무슨 필요가 있어"라는 소리를 자주 하곤 한다.

어떤 일에 집중하기 힘들어하고, 아내나 자녀들이 자신을 따돌리지 않나 의심을 품는다. 그러다가 어떤 때는 가혹할 정도로 무섭게 자기비판을 한다.

> "나는 인생의 낙오자야. 제대로 한 일도 없고 가족들도 모두 나를 싫어하는 필요 없는 사람이 되어버렸어."

이렇듯 여러 증상을 보인다면, 성질이 까칠하거나 이기적이거나 이해심이 없거나 못된 짓이 아니라 심각한 우울증을 앓고 있다고 보는 편이 더 맞을 수 있다. 도움이 필요한 상황에 놓여 있는 것이지, 힐난을 받을 상황이 아니라는 것이다. 실제로 힐난을 받는다고 해서 조절하고 고칠 힘도 없는 경우가 대부분이다. 이 모든 숨어 있는 정서들은 까다롭고, 화를 잘 내고, 조급하고, 부자연스럽고, 적대적인 행동으로 나타난다.

그러니 이 남자는 당연히 외롭지 않을 수 없다. 가까이 다가오려는 사람까지도 고슴도치처럼 털을 곤두세우고 경계하고 내치고 있지 않은가. 게다가 지나치게 신경질적이고 예민하고 사랑받지 못한다는 생각을 음으로 양으로 드러낸다면, 사소한 일상의 문제 수준을 넘어선 것으로 보인다. 여기서 우리는 다음과 같은 질문과 부딪치게 된다.

> 누가 이 남자를 도와주기를 원하는가.
> 누가 이 남자를 도울 수 있는가.
> 누가 이 남자를 도와주어야만 하는가.

흔히 남자들이 꿈꾸는 무조건적인 사랑으로 이해되는 어머니의 원형, 다정한 누이에 대한 향수는 서정주 시인의 시에만 나오는 것이 아니다.

이런 성향들이 도움을 요청하는 행동이 아닐까. 다른 관점에서 볼 필요가 있다. 이 모든 행동들이 이기적이고 못된 성격의 발로라고 보는 아내나 자녀의 적대감에 만성적으로 부딪치게 되면, 행동은 더 악화되고 그 결과로 가족들이 사랑을 거두어 가는 악순환의 고리에 걸려들기 쉽다.

마음먹은 대로 사랑을 주는 일이 쉽지는 않을 것이다. 그렇지만 저렇게 구니까 아무도 사랑해주지 않는다는 결론을 내리기 전에, 사랑받지 못하니까 저렇게 구는 것은 아닐까, 스스로에게 질문해볼 수는 있지 않을까. 사랑하거나 좋아하는 것은 임의로 선택하기 어려운 감정이지만, 친절하게 대하는 것은 선택해볼 수 있는 행동이다.

어떤 일의 인과관계에 대해 우리가 일찌감치 결론을 내리고 문을 닫아걸면, 마음이 들어오고 나갈 수 있는 교류가 완전히 끊어지고 결국 함께 숨 막히는 탁한 공기 속에서 살아갈 수밖에 없다.

대화할 것인가, 추궁할 것인가

자신이 착하다는 믿음을 거의 신앙처럼 지니고 있는 여자와 이야기하고 있노라면, 여러 가지 질문을 던지고 싶어서 좀이 쑤시곤 한다. 문제는 자기가 말하는 것을 믿지도 따르지도 않으면서 앵무새처럼 되풀이하고 있는 것을 본인이 모른다는 점이다.

"저는요. 기분 나쁜 일이 있어도 사람들 앞에서는 절대 싫은 내색을 하지 않아요. 여자는 사려 깊고 조용하게 행동해야지요."

그런 이야기를 들으면, 그럼 어디에 가서 싫은 내색을 하는지 정말 궁금하기 한량이 없다. 혹시 강아지나 고양이나 나무나 돌멩이 앞에 가서 싫은 내색을 하는 것일까. 마음먹고 사려가 깊어지는 것은 알겠는데 무의식 속에서는 무슨 일을 하고 있는지 살짝 물어보고 싶어지기도 한다.

"사귈 때 어떻게 여자가 먼저 남자에게 전화를 걸어요? 그리고 여자는 가정에서 가족을 돌보고 남자는 바깥일을 하는 것이 본분이지요."

본분 타령을 하는 사람도 문제지만, 이것에 질려버린 젊은 여성들이 아예 본분 자체를 무용한 것으로 치부하려고 드는 것도 문제다. 이제는 자기 목표는 현모양처가 되는 것이라는, 옛날 미스 코리아 후보 같은 소리를 드러내놓고 하는 젊은 여성은 거의 없다.

> 하지만 지혜로운 어머니나 좋은 아내의 가치는 세월이 흐른다고 퇴색하는 것이 아니다. 따라가기도 어렵고 하고 싶지도 않은 본분에 매달려 있다가 불행해지는 것이 문제이지, 그 가치 자체가 온전히 의미 없는 것은 아니다.

어떤 사조에 취약점이 있다고 해서 그 본질 자체의 장점까지 다 버릴 필요는 없다. 누군가의 절묘한 비유처럼, 아기를 목욕시킨 다음에 그 목욕물만 버려야지 아기까지 버릴 수는 없지 않은가.

사회의 규범을 따르려고 애쓰는 여자들이 답답하다고 해서 사회 규범을 다 내다 버리고 자유만 추구하는 것도 바람직하지는 않다. 내가 원하는 바를 이루려는 건 나쁘지 않지만, 나와 상반되는 것을 원하는 상대방과는 세상 어디에서나 부딪치기 마련이다.

"그렇게 큰일은 제가 결정할 수 없어요. 남편의 결정을 따르겠어요."

이렇게 말하면서 눈을 내리까는 여자에게는, 그러다가 남편이 말도 안 되는 결정을 내릴 때는 진짜 큰일 날 수도 있다는 우려를, 은근히 전하고 싶은 마음이 들기도 한다.

문제는 이즈음의 새로운 사조가 착한 아내의 가치 자체를 폄하하는 구조에 이르고 있다는 점이다. 사실 착한 아내에게 문제가 있는 것이 아니라, 마음속에 있는 마음과 다른 이야기를 하면서 착한 척하는 사람에게 문제가 있는 것이다.

총명하고 이성적인 아내가 되기 위해서는 사사건건 옳고 그름을 따져야만 하는 것일까. 내가 믿고 있는 사실과 다른 상황에 놓일 때 배우자에게 사실 규명을 하라고 종주먹을 대야만 하는 것일까. 이 으스스한 '사실 규명'이 안건으로 등장하면, 두 사람 사이에 태풍이 다가올 전조가 보인다고 해도 무리가 아니다. 프랑스의 작가 앙드레 모로아는 말한다.

"우리는 자신의 소망과 부합되는 일은 쉽게 믿지만 그렇지 않은 것에 대해서는 오히려 불쾌감을 느낀다."

이 이야기를 잘 음미해보면, 착한 포즈를 취하면서 조목조목 따지고 드는 배우자와 마주 앉는 일이 왜 그렇게 고역스러운지를 이해할 수 있다. 이런 주관적인 성향 때문에 부부가 의견이 다를 때 그 해결책을 찾는 것은 좀처럼 쉽지 않다.

"그럼 가정에서 일어나는 모든 부정과 비리를 덮으라는 말입니까?"

여기서 정의의 수호자는 너무 흥분하는 경향이 있다. 이럴 때 한 가지를 생각해보자. 나의 잘못된 부분이나 실수를 들춰내려는 사람들이 이미 사회에 들끓고 있는데, 몸과 마음을 쉬어야 할 가정에서까지 청문회를 열고 경직된 질문과 거짓된 진술을 해야 하는 것일까.

> 대화와 추궁이 다른 점은 누구나 익히 알고 있을 것이다. 대화는 우선 상대방의 감정과 생각이 왜 지금 상태에 이르게 되었는지에 대해 듣고, 그 다음에 내 마음을 이야기할 용의가 있다는 뜻이다.

추궁은 잘못된 실수나 행동에 대해 죄를 자백하고 뉘우치라는 닦달에 가깝고, 상대방이 잘못을 인정하기 전까지는 어떤 이야기도 듣지 않겠다는 옹고집의 자세인 경우가 많다.

이쯤에서 정직하게 가슴에 손을 얹고 자신에게 물어보는 것은 어떨까.

"나는 지금 대화를 시도하는 것일까. 추궁하고 있는 것일까."

내 마음을 비추는 거울

●●●

'내가 느끼고 있는 불행감을 어디까지 드러내는 것이 적절할까.' 하는 것은 어려운 질문이다.

"아무 일도 아니에요."

"별거 아닌데요. 뭐. 신경 쓰실 거 없어요."

이렇게 말하며 자신의 고민을 절대로 털어놓지 않고 깊이깊이 감추는 사람이 있다. 그런가 하면 아무나 붙잡고 자신의 고민을 죄다 털어내어 보이는 사람도 있다.

"글쎄, 내 이야기 좀 들어봐요. 내가 이제는 도저히 더 참을 수 없는 지경이라니까요. 이 인간이 글쎄 어제도 안 들어온 거 있지요. 더 이상 같이 못 살아요."

"정말 사는 게 지옥입니다, 지옥. 우리 마누라하고 십 분만 앉아 있으면 내 말이 무슨 소린지 알아먹을 수 있을 거라니까요."

감추거나 털어놓거나 간에, 극단적으로 치우칠 경우에는 인간관계에서 어느 정도의 부담을 안게 된다. 너무 깊이 감추는 사람은 마음의 창을 열지 않아 문제가 해결되지 못할 지경까지 커질 수가 있다. 그와 반대로 자신의 불행을 너무 크게 노출하고 과도하게 언어와 행동으로 호소하는 사람들은 자칫 기피인물이 되거나 오해의 대상이 될 수 있다.

내가 해결해줄 수 있는 일도 아닌데, 괴롭다고 불평하는 이야기를 오래 듣고 있노라면 이쪽까지 머리에 쥐가 나기 때문이다.
"내가 이렇게 된 건 다 남편 때문이에요."
"인생이 이렇게 파토 난 건 이놈의 마누라 때문이라니까요."
줄곧 이렇게 말하는 사람들은, 불행감을 표출하고 그 불행의 원인이 타인에게 있다고 주장하면 모두들 자신의 편을 들어주리라고 확신하고 있지만, 그것은 오해일 뿐이다.
유감스럽게도, 사람들은 타인의 불행에 대해 의외로 관대하거나 동정적이지 않다. 그 불행의 원인 제공자가 자기 아닌 타인이라는 강도 높고 독기 섞인 비난을 듣고 있으면, 더군다나 그 사람을 돕고 싶은 생각이 들지 않는다.
많은 사람들이 타인의 사소한 곤란에 대해서는 흔쾌히 도와줄 용의가 있다. 차비를 안 가지고 와서 낭패스러워하는 사람이나 길을 잃고 당황한 사람들은 우리가 걸스카우트나 보이스카우트처럼 늠름하게 나서서 자발적으로 도와주는 경우가 많다. 그 사람이 더 많이 고

마워할수록 기분 또한 흐뭇해진다.

하지만 상대방의 불행의 깊이가 옛 우물처럼 그 밑바닥을 잴 수 없다고 느껴지면, 보통 사람들은 서서히 손을 떼려고 든다.

지갑을 안 가지고 나왔는데 만 원만 빌려달라는 동료에게는 선선히 돈을 빌려주지만, 일억 원짜리 집이 필요한데 구천만 원만 빌려달라는 사람에게는 절대로 빌려줄 의사가 없는 것과 마찬가지다. 머리는 쓰라고 있는 것이지, 장식용으로 어깨 위에 공연히 놓여 있는 것이 아니기 때문이다.

약간 기분이 언짢다거나 어쩐지 무력감이 느껴진다는 사람에게는, 함께 구경을 가자든가 맛있는 것을 먹으러 가자든가 하면서 위로의 손길을 뻗기가 쉽다. 사소한 선의로도 그 사람을 도울 수 있다는 생각이 들어서이다.

하지만 자살을 결행하려고 들거나, 자기 집에 불을 지르려 들거나, 차로 파출소를 들이받으려는 등의 기세로 불행감을 표출하면, 사람들은 그만 당황해서 슬슬 피하기 시작한다. 자기 힘으로는 도울 수도 없는데, 그 근처에 있다가 불행한 일에 연루될까 봐 은근히 두려워지는 것이다.

늘 심리적인 불행감을 토로하는 사람의 행동은, '자기 마음'이라는 커다란 빈 항아리를 들고 와서 타인에게 그 안을 채워달라고 요구하는 것과도 흡사하다.

사람들은 물이 많이 들어 있는 항아리에 한 바가지의 물을 보태주는 것은 비교적 쉽게 해준다. 그렇지만 텅 빈 항아리에는 어느 세월에 다 채울 수 있을까 싶어 한 바가지의 물조차 넣어주려 들지 않는다. 더군다나 그 항아리에 금이 가 있다고 생각되면 말할 나위가 없다. 작은 도움을 주어봤자 쓸데없는 일이라고 생각하기 때문이다.

정치가 절망적이라고 느껴져 투표하려 들지 않는 사람들과 비슷한 경우이다. 항아리를 바꾸기 전에는 자신이 무슨 일을 해도 도움이 안 된다고 생각하는 셈이다.

물론 이 세상에 늘 행복한 얼굴을 하고 나타나야 하는 괴상한 의무는, 신도 인간에게 부여한 바가 없다. 살아가면서 낙담스러운 일도 경험하고, 마음이 괴로운 경우도 경험하게 되는 것이 인생의 실상이다. 이럴 때 지나치게 감정적인 대응을 하게 되면 그 상황을 있는 그대로 바라보기 어려운 것 또한 사실이다.

●

그래서 상담 공부를 할 때 제일 먼저 터득하려고 애쓰는 것 중 하나가 거울 같은 평정심을 유지하는 일이다. 보이지 않는 마음을 무엇엔가 비춰 볼 도리가 있다고 가정한다면, 거울 앞에 앉아 머리 모양새며 옷매무새를 가다듬듯 내담자가 자신의 마음을 조용히 바라보고 정리할 기회를 갖도록 도와주어야 한다고 믿기 때문이다.

만약 거울이 비춰내는 모습이 왜곡되거나 일그러져 있다면, 자신의 모습을 제대로 보기 어렵다. 거울이 나이 들고 지친 모습 그대로를 보여주지 않고, 자기가 원하는 대로 젊고 매력 있는 모습으로만 비춰주거나, 반대로 일그러진 모습으로만 비춰준다면 이미 거울의 본분을 망각한 것이다.

"너, 그렇게 생기고도 어떻게 거울을 바라볼 용기가 생기냐?"

"그동안 너 참 폭삭 늙었구나."

만약 거울이 이렇게 한술 더 떠 상대방의 모습에 관해 예리한 비판을 가하기 시작한다면, 아마 집집마다 거울 깨지는 소리에 조용한 날이 없을 것이다. 만약 거울이 어째서 표정이 그 모양이냐, 얼굴이 왜 보름달만 하냐는 등의 힐난을 퍼붓는다면, 우리는 그 거울을 보지 않는 게 차라리 인생에 도움이 된다고 생각할 것이다.

늘 경험하는 일이지만, 시간이 분초를 다투게 긴박한 경우에 운전을 하고 있으면 신호등마다 왜 이렇게 빨간불만 들어오나 싶다. 설마 정부에서 내 앞길을 막으려고 교통 신호마다 조작할 리가 없다는 걸 뻔히 알면서도 그런 느낌이 드는 것이다.

교사가 아이들에게 벽에 거미줄이 쳐져 있는 방이 그림을 보여주며, 이 그림을 보고 어떤 사실을 확실히 알 수 있느냐고 물었다.

"그 방 주인이 몹시 게으른가 봐요."

"귀찮아서 청소를 안 했나 봐요."

"아무도 안 사나 봐요."

이렇게 중구난방으로 이야기가 나오는 중에 한 아이가 말했다.

"거기 거미가 살았었나 봐요."

흥미 있는 관찰이다. 어떤 경우에도 거미가 살았었다는 이야기 하나만 가장 사실에 맞는 설명일 것이다. 다른 설명들은 모두 그럴 수도 있지만 그렇지 않을 수도 있는 개연성을 지니고 있기 때문이다.

　불행하다고 느끼는 사람들은 과거에 대한 회한과 미래에 대한 불안이 과장되게 자라나 현재를 잠식하도록 내버려두는 경향이 있다. 그래서 현재가 서서히 삶에서 사라지기 시작하면, 가슴 아픈 과거와 흔들리는 미래만 연주하는 불행의 전주곡이 시작된다.

●

불행한 마음을 왜곡시키지 않고 거울에 비추어 보면서 있는 그대로의 자신을 좀 더 잘 바라볼 수 있다면, 그 사람은 이미 마음의 방에서 자신의 불행을 내보내는 첫걸음을 떼어놓기 시작한 것이다.

이혼이라는 이름의 잡지

예전에 프랑스 파리에서 '이혼'이라는 잡지가 창간되었는데, 시간이 지나면서 인기가 급증해서 곧 영어판과 이탈리아판도 등장했다. 그런데 그 후 미국에서도 이혼한 남자가 같은 제목의 잡지를 창간했지만, 창간호만 내고는 구독자가 없어 그대로 문을 닫았다고 한다.

아마도 미국인의 청교도 정신이 알게 모르게 영향을 미친 것 같다. 보수적인 견해로 본다면, 이런 잡지야말로 다른 사람의 불행을 돈벌이로 삼으려는 것처럼 보이고 이혼을 권장하는 것처럼 느껴지기도 했을 것이다.

'이혼'이라는 잡지 편집인들의 설명인즉슨, 이혼을 권장하는 것이 이 잡지의 본래 의도가 아니라 부득이하게 인생의 행복의 한쪽이 깨졌더라도 남아 있는 행복은 소중하게 지키도록 돕는 것이 그 의도라는 것이다. 그러면서 이혼에 관한 온갖 세세한 정보를 제공해주고 있다.

'이혼을 꿈꾸는 여자'라는 제목의 소설이 나온 적이 있다. 이 책을 읽은 후배 한 사람은 혹시 그 책이 눈에 띌까 봐 남편이 집에 있을 시간이면 그 책을 감추느라고 정신이 없었다고 했다. 아닌 게 아니라 저녁에 돌아온 남편이 텔레비전을 보면서 아내에게 얼른 밥 안 주냐고 큰소리를 치고 있다가, 소파 옆 탁자에 '이혼을 꿈꾸는 여자'라는 책이 보란 듯이 펼쳐져 있으면 충격을 받기는 할 것이다. 거기다 한술 더 떠 아내가 밥을 차리면서 태연한 어조로 "여보, 빨리 와. 이혼당하고 싶지 않으면……"이라고 말한다면. 어쩐지 집안에서의 태도가 좀 더 고분고분해질지 모른다는 생각을 해볼 수도 있겠다.

우리나라에서도 상당히 많은 사람들이 이혼을 하지는 않았어도 심각하게 이혼을 생각해본 경험이 있다고 털어놓고 있다. 그뿐만이 아니라, 그 생각이 지금도 진행 중이라고 고백하는 사람도 적지 않다.

내가 아는 젊은 부부는 이혼할 경우에도 나란히 집을 얻어 오고 가며 친구처럼 지내자는 둥, 우리가 헤어질 때 저 실내등은 내가 가져갈 거라는 둥 하면서 화기애애하게 살고 있다. 두 사람 다 아주 농담만은 아니라고 강변한다. 미리미리 준비가 되어 있어야 갈등을 줄여가면서 헤어질 수 있다는 것이다. 그런 소리를 하다가 친정어머니에게 들켜서 호되게 야단을 맞았다고 했다.
"말이 씨가 된다. 이 철없는 것들아. 그런 소리를 무슨 좋은 소리라고 주고받고 앉았느냐"라는 것이 그 골자였다고 한다. 자기들은 그런 대화를 예방주사 삼아 이혼 백신 정도로 생각하고 있는데, 고루한 낡은 세대란 참으로 이해하기 어렵다고 젊은 아내는 푸념했다.

사실 중요한 것은 '이혼한 후에 인생에서 얻고 싶은 것이 무엇인가'이다. 그 대답은 각양각색일 것이다. 어쨌든 지금 삶으로부터 벗어나지 못하면 그대로 죽는 것이 낫다는 지경에 이르면, 덮어놓고 참기만 할 일은 아니다.

> 하지만 이혼이 영화 제목처럼 내게 '처음 만나는 자유'를 줄 것이라고 생각하면 그야말로 오산이다. 배우자로부터 물리적인 자유를 얻게 될지는 모르지만, 경제적 부자유며 친지관계의 재정립, 사회의 수많은 편견과 제약 앞에서 순수하게 자유롭기는 어려운 일이다.

하기야 골프에 애완견에 낚시 등등 **별별** 잡지가 등장하는 판에 이혼에 관한 잡지가 등장하는 것에 대해 왈가왈부할 필요는 없지만, 우리나라에서 이런 잡지가 창간된다면 어떤 반응이 나타날지 궁금하기는 하다.

아마도 남자들이 '플레이보이'나 '펜트하우스'를 숨겨놓고 읽듯이, 주부들이 몰래 여기저기 이 잡지를 숨겨놓고 읽는 현상이 벌어질지도 모른다. 결혼에 관한 잡지는 모두들 자랑스럽게 내놓고 읽고 있고, 재혼에 관한 이야기며 계획도 잡지에서 슬슬 다루기 시작하면서, 그 원인이 된 이혼에 대해서는 어물어물 꿀 먹은 벙어리인 양하는 것도 흥미 있다.

내가 제안해보고 싶은 대안은, 〈행복한 결혼〉이라는 잡지를 내고 그 부록으로 '이혼'이라는 별책을 커다랗게 만들어 끼워 파는 것이다.
"〈행복한 결혼〉을 샀는데, 그냥 강제로 끼워주는 걸 그럼 어떡해." 하고 애교를 떨면서 읽어볼 수 있게 말이다.

제목은 사람들의 비위에 맞게 그때그때 붙이면 될 것이다. 예를 들면 '후회하는 이혼', '이혼, 절대 안 돼', '행복이여 안녕-어느 이혼녀의 고백' 등의 교훈적인 제목을 붙여 자기 배우자가 그 책의 표지를 보아도 지장이 없을 만한 안전장치를 한 연후에, 이혼에 관해 세세하게 정보를 주는 방법이다.

아주 괜찮은 아이디어가 아닌가.

결혼생활이 너무 지겨운 사람들은 '이혼한 누구누구의 통곡수기'라든가 '재벌가 이혼녀의 가슴 치는 고백'이라는 제목을 보면, 어쩐지 인생에 균형이 잡힌 것 같은 위안을 느낄 수도 있다.

이즈음 자녀를 결혼시킨 사람들은 상당히 많은 사람들에게서 부러움 섞인 인사를 받는다고 한다.

"아유, 어떻게 아들이 결혼을 결심하도록 도와주셨어요?"

"돕기는요. 자기들이 좋아서 결혼한 건데요."

"그렇질 않더라고요. 한 사람하고 일생을 약속하는 게 너무 두렵대요. 그러면서 이건 뭐 싫어질 때까지 기다리는 건지 이 여자 사귀다가 그만두고, 저 여자 사귀다가 그만두고…… 그러는 거예요."

미상불 그것도 답답한 노릇일 것이다. 젊은이들이 예사로 하는 말들을 들어보면 우려가 되지 않는 바도 아니다.

"결혼하면 어떻게 매일 밥을 하고 살아요?"

하는 여자에서부터,

"한 사람하고 몇 십 년을 변함없이 좋아하면서 산다는 게 도대체 가능한 일입니까?"

하고 되묻는 남자에 이르기까지 젊은이들의 결혼공포증은 작은 일이 아니다. 세상의 자유를 잃고 완전봉쇄 시스템인 '가르멜 수도원'에라도 들어가는 것처럼 느끼는 젊은이들도 많다.

예를 들자면, 방을 얻으러 갔더니 집주인이 나타나 엄숙한 얼굴로 묻는 셈이다.

"이 방이 마음에 드십니까?"
"예, 해도 잘 들고 아주 좋은데요. 제가 들어올 수 있을까요?"
"물론입니다. 그렇지만 조건이 하나 있습니다."
"뭔데요?"
"이 방을 얻으시면 죽는 그날까지 이 방에서 사셔야 합니다."
"예에??"

아마 결혼을 이런 기절할 만한 사태로 이해하고 있는 젊은이들도 있는 것 같다.

이런 지경에 이르면, 일생을 약속하는 결혼이 생각만 해도 두렵거나 불합리하게 느껴진다는 것도 이해가 간다. 아무튼 전 같으면 상상도 못할 모든 일에 대해 사람들이 "그럴 수도 있지"라고 말하기 시작한 기묘한 세상에서 우리가 살고 있는 것은 사실이다. 그런 변화의 결과가 '이혼'이라는 잡지의 성업으로 이어지는 것인지도 모른다.

끝나지 않은 승부

교통신호 표지판을 보고 있으면 슬며시 웃음이 날 때가 있다. 인생의 경고문하고 너무 유사하기 때문이다. '예측출발 금지'라든가 '비보호 좌회전' 같은 것들도 그런 경우이다.

지금은 없어졌지만, 전에는 강원도 산속의 구불구불한 절경을 따라 운전하고 있으면 해적선의 로고 같은 해골 그림이 나오는 경우가 드물지 않았다. 그리고 그 밑에 쓰여 있는 경구는 거의 공갈, 협박이 수준에 가까웠다.

"오 분 먼저 가려다가 오십 년 먼저 간다."

아이들 말로 하자면 그야말로 화끈한 경고다. 어쨌든 그 경고를 따라 오 분 먼저 가려고 하지 않은 덕분에 나머지 오십 년을 지금 살아가고 있는 중인지도 모른다.

예측출발이나 비보호는 그런 해골 표지판에 대면 상당히 점잖은 표현이다. 예측출발은 빨간불과 노란불이 같이 들어올 때 이제 곧 초록색 불이 켜질 것이라고 판단해서 미리 앞으로 달려 나가는 것이다. 성미가 급한 사람은 인생에서 늘 예측출발을 하는 셈이다. 아직

221

5. 이혼이라는 이름의 검색

여러 가지 여건이 준비되지 않았는데 액셀러레이터를 밟는 것이다.

교차로에서 한쪽은 초록색이 빨간색으로 바뀌기 전에 건너려고 과속을 하고, 다른 쪽은 초록색이 들어오기 전에 예측출발을 하게 되는 경우가 문제다. 이런 성미 급한 두 사람이 운명의 별 아래 한 교차로에서 만나게 되면, 물리학의 이치에 따라 충돌 사고가 나지 않을 도리가 없다.

비보호 표지판도 그렇다. 여기서 왼쪽으로 돌게는 해주겠다만 무슨 일을 당해도 법적으로 보호해주지는 못하겠다는 당국의 으름장처럼 들린다. 좌회전 신호등이 따로 없으니까 조심하라는 뜻일 텐데, 여기서부터는 너를 국민으로 보호해주지 않겠다는 엄포처럼 보이기도 한다.

성년이 된다는 것은 인생의 고빗길에서 비보호 좌회전을 해야 하는 경우와 마찬가지일 것이다. 부모가 양쪽에서 보살펴주고 판단해주는 안전한 좌회전 초록색 화살표는 더 이상 나타나지 않는다.

성년이 되어서도 안전한 좌회전 신호등을 늘 켜주는 과보호 부모들은, 자기가 세상을 떠난 후 자녀가 다 늙어서 비보호 좌회전을 하지 못해 네거리에서 울부짖고 있을지도 모른다는 생각을 해보는 것이 좋을 것이다.

고속도로도 마찬가지다. 길을 잘못 들었다고 깨닫는 순간 되돌아

나오고 싶은 마음이 굴뚝같아도 일단은 다음 출구가 나올 때까지 달려가는 수밖에 없다. 뒤에 차가 오지 않는다고 후진을 하거나 중간에 묘수를 찾느라고 머리를 굴려보아야 삶에 지쳐 있는 가련한 머리를 더 과로에 시달리게 할 뿐이다. 오직 할 수 있는 일이 있다면, 다음 출구나 놓치지 않도록 세심하고 면밀하게 살피는 일이다.

전에 미국에서 이민 온 지 몇 달밖에 안 된 부부를 만난 적이 있다. 자신만만해 보이는 남편은 허허 웃으면서 여기 운전이 어렵다고 하지만 별거 아니더라고 말했다.

"실수라고는 딱 한 번 했어요. 새벽에 고속도로에 거꾸로 들어갔던 것 한 번뿐인데요 뭐."

다행히 새벽 시간이라 주위에 차가 없어서 그대로 되돌려 나왔다는 것이다. 듣기만 해도 모골이 송연한 이야기를 아무렇지도 않게 하는 배짱을 보니 과연 대한 남아다웠다. 마주 오는 차 한 대만 있었어도 이 사람은 나와 마주 앉아 그런 이야기를 할 수 없는 신세가 되었을 것이다. 어쨌든 그 남자는 운전 실력만큼이나 화끈하게 이혼도 이민 온 지 일 년 내에 해치웠다. 놀라운 서두름과 스피드였다.

상대방이 누구인지 채 파악이 되지 않은 상태에서 결혼을 서두르는 것은 고속도로에 거꾸로 들어가는 것만큼이나 무모한 일이다. 전후좌우가 분별이 되지 않기 때문이다.

이제 30대 중반인 한 여자 약사는 자신이 새로운 삶을 시도했었지만 좌절했던 이야기를 들려주었다. 젊어서 가난한 남자를 사귀었는데, 부모의 반대를 꺾지 못하고 집안에서 밀어붙이는 부유한 남자와 만난 지 한 달 만에 결혼했다. 그렇지만 남편은 쉬지 않고 다른 여자들을 사귀었고 성격도 맞지 않아 그 고통을 견디다 못해 아이 하나를 두고 이혼을 하게 되었다.

전에 사귀던 남자는 결혼하지 않고 미국에 이민을 가서 살고 있었는데, 두 사람 다 서로 소식을 모르고 몇 년간 지내다가 아는 사람을 통해 소식을 알게 되었다고 한다. 그동안 늘 궁금하기도 하고 어디에서 무엇을 하며 살고 있을지 마음속에 걸리기도 했었다. 그렇지만 그 사람도 가정이 있을 것이고 자기도 아이가 있는 이혼녀의 처지라 접근해볼 엄두를 내지 못했다.

여자의 소식을 들은 남자는 즉시 귀국하여 자기를 찾아왔다. 두 사람은 옛날 친구처럼 자연스럽게 만나기 시작했고 곧 남자는 청혼을 했다. 이제 다시 여자를 잃고 싶지는 않다는 것이 그 이유였다. 여자는 결혼했던 사실과 아이가 있다는 사실에 부담을 느껴 거절했지만, 그는 그런 일은 아무것도 아니라고 막무가내로 우겼다.

생각할 시간이 필요하다고 했지만 그가 하도 밀어붙이는 바람에 다시 만난 지 두 달 만에 결혼식을 올렸다.

이 여자는 불도저에 밀리는 민들레꽃인지 처음 결혼은 부모가 '밀어붙여서', 두 번째 결혼은 남편이 '밀어붙여서' 하게 되었다는 것이다. 고집도 세어 보이는 인상이었는데 인생에 제일 중요한 결정을 내릴 때는 어째 그렇게 가냘프게 밀어붙임을 당하는지 의문이 생기지 않을 도리가 없었다.

처음 짧은 시간 동안은 행복을 되찾은 듯한 생각도 들었지만, 아이를 낳으면서 그 사람과 전 남편 사이에서 태어난 아이와의 갈등, 그리고 거기서 파생되는 부부간의 불화가 극심해서 도저히 결혼생활을 유지할 수가 없었다.

남편은 술을 마시고 와서 더러운 것이라는 언사를 퍼붓는가 하면, 제멋대로 살다가 자기 인생까지 망친 년이라고 험악한 욕설을 퍼붓는 것이 예사인 상태였다.

"아니, 자기가 모르고 있었던 것도 아니고 내가 다른 남자하고 결혼했었고 아이가 있는 것도 다 이해한다고 하더니 이제 와서 그럴 수가 있어요?"

여자는 분에 차서 말했다.

이 남편이 모르고 있었던 것은 이 여자의 결혼이나 출산이 아니라 자기 마음의 깊은 창고 속에 깃들어 있는 억울하고 분한 배신감이었을 확률이 높다. 결혼한 후 일상의 사소한 문제에 부딪쳐 환멸을 느끼기 시작하면서 그 창고의 문이 스르르 열리기 시작했던 것이다.

영화나 드라마라면 젊은 남자의 한없는 순애보로 그칠 이야기지만, 현실에서 그 후유증은 실로 만만치 않았다. 인생은 드라마처럼 두 사람이 다시 만나는 순간에 감미로운 음악과 함께 자막이 올라가면서 끝나지 않는다. 인생은 너무도 길고 지루하게 지지부진 끌면서 낭만적인 이야기에 덧칠을 하며 흘러가게 마련이다.

여자가 도저히 이런 상태로 함께 살 수는 없다며 헤어지자고 하자, 그럴 줄 알았다면서 그게 바로 네가 지닌 약삭빠른 본질이라고 욕설을 퍼붓고는 집을 나가버렸다고 했다. 이제 모든 게 끝난 것 같기만 하고 도저히 움직이고 싶지도 않은 상태지만, 반드시 이혼을 하고 말겠다고 여자는 벼르고 있었다.

두 사람은 사랑하다가 타의에 의해 헤어졌다고 하는데, 그 헤어짐을 결정하게 된 중요한 요소는 두 사람에게 내재해 있었을 가능성이 높다. 부모가 밀어붙였다는 말로 산뜻하게 설명을 끝내기는 어렵다.

이런 경우는 낯선 타인과의 결합보다 훨씬 더 많은 이해와 용기가 필요하다. 사랑했었으니까 다시 사랑할 수 있다는 공식이 어긋나기 시작하면, 전에 헤어지게 되었던 변수까지 가세해서 인생에 적신호가 오기 시작한다.

남자의 마음속에는 가난 때문에 자기를 버린 여자에게 오랫동안 배신감이 쌓여 있었을 가능성이 높다. 그러다가 서로 맞지 않는 부분들이 드러나면서 잠재되어 갇혀 있던 나쁜 기억들이 쏟아져 나왔다. 아내가 자기를 무시한다고 생각되면 부정적인 추억의 창고는 수문이 고장 난 댐처럼 자투리 정보까지 다 쏟아놓기 시작한 것이다.

> 사랑과 미움은 야누스의 얼굴처럼 양면을 가지고 결혼생활을 하는 부부의 창고 속에 잠들어 있다. 누적된 문제는 한마디의 사과나 언급으로 쉽게 해결되지 않는다.

여자는 예측출발을 두 번이나 한 셈이다.
서두른 첫 번째 결혼, 더 서두른 두 번째 결혼…….

두 번 다 상대방의 심정이나 주위 상황에 대한 녹색 불이 켜지기 전에 예측출발을 했다. 그리고 이제 아이 둘을 데리고 비보호 좌회전을 해야 할 시점에 이르렀다.

어느 쪽 길로 갈 것인가.
너무 서둘러 이혼을 하는 것은 또 다른 예측출발을 하는 것과 마찬가지다. 기다리는 시간이 필요하다.

중요한 것은 여자에게 차가 있고 운전할 건강이 있다는 점이다. 그것은 대단한 강점이다. 가고자 하는 방향이 확실하다면, 다른 차와 부딪치지 않고 그 방향으로 운전대를 틀어 안전하게 목적지에 가는 방법은 언제나 있는 법이다.

인생은 아직 끝나지 않은 승부이다. 정답을 정해놓고 다른 것은 오답이라고 우기기 전에 여러 가지 가능성을 모색해볼 필요가 바로 여기에 있다.

내 마음을 들어주세요

"이혼하고 재혼을 했는데 전처의 아이는 나를 따르지 않아요. 그럴 때 내가 남편에게 두고 온 아이를 생각하면 정말 살고 싶지도 않아요."

이렇게 말하는 여자의 얼굴에는 좌절과 불행감이 가득했다. 과거의 쓰라린 경험이 현재를 지배하고 마침내 미래로 가는 길의 지도를 잊어버리게 한 것이다. 자신의 삶에 대한 이야기는 사라지고 불행감이 그녀의 삶을 압도하고 있었다.

누구나 자신의 이야기를 잊어버리고 길을 헤맬 때가 있다. 나는 어떤 이야기를 간직하고 있는가? 내 배우자와 아이는 어떤 이야기를 간직하고 있는가? 사람들은 기나긴 인생의 여정에서 어떤 이야기들을 간직하고 있는가? 우리가 드라마나 매스컴에서 전하는 이야기에만 관심을 기울이지 않고, 가까운 사람들을 관심 있게 바라보면 상당히 많은 흥미로운 이야기들을 발견할 수 있을 것이다.

"지금처럼 참고 견디었다면 결혼을 파기하지 않았을 거예요. 불행은 불행을 몰고 온다고 하더니 이제 제 인생은 아무 데서도 의미를 찾을 수 없어요. 내 인생은 실패의 연속인 것 같아요. 너무 가슴이 아파서 아무것도 하고 싶지 않아요."

여자는 흐느껴 울었다.

몇 번 만나 이야기를 나누면서 여자는 차차 마음을 진정했다. 얼마 후 안정된 얼굴로 말했다.

"이제 과거의 실패에 대한 괴로움에서 좀 벗어나게 되었어요. 지금 아이한테 잘 대하고 따뜻한 분위기를 만들어주려고 노력하고 있어요. 전보다 사이도 많이 좋아졌어요."

여자는 잠시 침묵했다가 말을 이었다.

"이렇게 믿기 시작했거든요. 내가 이 아이를 진심으로 잘 거두어주고 있으면, 내 마음이 어떻게든 전해져서 새 어머니도 내 아이를 사랑해주고 잘 거두어주리라고요."

이 여자는 다시 자기 이야기를 찾아가는 길을 걷기 시작한 것 같았다.

링컨이 노예해방을 선언할 당시 옛날 친구를 백악관에 초대했다. 그는 친구에게 왜 노예해방 선언을 발표하는 것이 타당한지에 대해 이야기하기 시작했다. 그는 자신에 대한 반대, 적대적인 사람들의 공격, 인신공격적인 신문 기사들에 대해 쉬지 않고 이야기했다. 그러고는 친구의 의견을 묻지도 않고 악수를 청한 후에 작별인사를 했다. 링컨의 친구는 나중에 말했다. "내가 아무 의견도 말하지 않았는데, 이야기를 하고 난 다음 그의 얼굴이 훨씬 더 밝아졌습니다."

링컨이 원했던 것은 친구의 충고나 조언이 아니었다. 그가 원했던 것은 자신의 마음을 털어놓을 수 있는 우호적이고 따뜻한 사람이었다.

이 여자의 경우도 마찬가지였다. 물론 앞으로도 여러 가지 어려운 일에 부딪치겠지만, 삶의 의미를 찾는 이야기를 마음 놓고 할 수 있으면 실패에 대한 회한에서 벗어나 다시 길을 찾아 나설 수 있을 것이다.

인생이란 자신을 드러내는 기나긴 과정이다. 누군가와 마주칠 때마다 우리는 그 사람에게 자기 삶의 일부를 드러내지 않을 수 없다. 건강하고 긍정적인 방법으로 지금 만나는 사람에게 자신을 드러낼 수 있으면, 과거에 대한 회한 때문에 현재와 미래를 더 불행하게 만드는 일은 피해갈 수 있지 않을까.

그녀가 돌아간 후 버틀란트 러셀의 말이 새삼 기억에 떠올랐다.
"자신의 지나간 실패에 대해서 스스로를 괴롭히지 말라. 한 가지 실패를 자꾸 괴로워하는 것은 그 다음의 일도 실패로 이끄는 원인이 된다."

6
즐거운 생활의 발견을 위한 검색

여자가 더 아름다워 보일 때 ♥ 스트레스여, 안녕! ♥ 가족의 웃음소리 ♥ 유쾌한 상상 ♥ 헤어지자고 한 이유가 도대체 뭐야? ♥ 이야기 잘 들어주는 오 마담 ♥ 성교육은 몇 살까지? ♥ 내 사랑은 당신뿐이야

여자가 더 아름다워 보일 때

우리 아파트에서는 일주일에 두 번 장이 선다. 커다란 대형 트럭들이 여러 대 와서 생선, 야채, 과일, 건어물 등을 아침부터 저녁까지 팔고 간다.

듣기에는 아파트 부녀회에 잘 보이지 못하면 일주일에 한 번 오는 기회를 잡기도 어렵다고 한다. 트럭 판매가 힘들고 고단해 보이지만 상당히 많은 액수의 돈을 벌 수 있는 일이기 때문이라고 전해주는 사람도 있었다.

몇 년이 넘도록 늘 오는 트럭도 있고 무슨 사단이 있었는지 몇 달도 안 되어 다른 트럭으로 바뀌는 경우도 있다. 작년 봄에 늘 야채를 팔던 트럭이 오지 않더니 한 주가 지난 후 새로운 트럭이 나타났다.

김칫거리며 나물거리를 사러 갔다가 야채를 파는 앳된 새댁을 처음 보게 되었다. 활달하고 거리낌 없이 산더미처럼 쌓인 야채 짐을 풀고 손님들에게 권하며 웃음이 떠나지 않는 그녀에게 시선이 끌렸다. 보통 아무 데서나 만나기 어려운 빛나는 미모의 소유자였다. 화장기 없는 얼굴에 뒤로 묶은 머리도 그녀의 단아하고 아름다운 용모를 가리지 못했다. 나는 야채를 고르면서 눈에 띄지 않게 슬그머니 그녀를 바라보았다. 활짝 웃을 때면 희고 고른 이가 그대로 드러났다.

몸의 반을 덮는 앞치마를 두르고 그 앞치마에 달린 주머니에서 잔돈을 꺼내 거슬러 주고 큰돈을 받아 다른 주머니에 넣는 그녀의 모습은 날렵하고 경쾌했다.

키가 큰 남편도 연신 웃음을 띠고 그녀와 말을 주고받으면서 척척 트럭에서 짐을 내리고 있었다. 야채를 사러 왔던 어떤 아주머니가 그녀에게 건네는 말소리가 들렸다.

"아니, 어디서 이런 미인이 새로 왔어. 장터가 다 환해지네."
"감사합니다. 그런 소리 맨날 들어요."

여자는 구김 없이 웃으면서 대답했다. 아주머니는 주책이 없는 건지 남의 일에 관심이 많은 건지 말을 이었다.

"이런 일 하기에는 너무 아깝네. 아니 그렇게 빼어난 인물이면 무얼 해도······."

나는 조마조마했다. 여자는 어찌 되었든 곁에서 왔다 갔다 하는 남편이 들을까 봐 신경이 쓰였다.

"그렇죠? 제 생각에도 그래요."

여자는 웃음을 터뜨렸다.

"그래서요. 우리 둘이 열심히 일해서 더 좋은 일을 하려고요."

저절로 입가에 미소가 지어지게 하는 여자였다. 김칫거리와 나물거리를 이것저것 고르면서 미모의 효용가치에 대해 한동안 생각해보았다.

역사를 살펴보면 빼어난 미모의 소유자들은 풍파에 시달리지 않을 수가 없었다. 지루한 인생에서 꽃처럼 두각을 나타내서 사람들의 시선을 끌기 때문이다. 그리고 그중의 힘을 가진 누군가는 꽃 같은 아름다움을 독점해서 소유하려 들기도 한 것이 사실이다.

사람들은 자신이 가진 빼어난 부분 덕분에 도움도 받지만, 저항에 부딪치는 경우도 많다. 엄청나게 많은 재산이나 뛰어난 머리, 두드러진 재능, 사람들의 시선을 끄는 미모…… 이런 부분들은 일상적인 삶을 살아가는 데 도움도 주지만 장애물 구실을 하는 때도 적지 않다. 있는 그대로의 순수한 자신과 타인의 만남에 상당히 걸리적거리는 역할도 하기 때문이다.

장을 보러 오는 사람들이 대개 주부들이라 그녀를 유혹하거나 귀찮게 구는 사람은 없겠지만, 말 많고 호기심 많은 아주머니나 할머니들이 그녀에게 뭐라고 한마디씩 던질 경우는 많을 것 같았다.

눈에 띄는 미모와 젊음의 소유자를 완상용 꽃처럼 그저 바라보는 사람들도 있고, 드물게 별 무관심인 사람도 있을 것이다. 하지만 때때로 사람들은 빼어난 미인이 평범한 결혼생활을 영위하거나 생존의 일선에서 억척스럽게 일하는 것을 보면 무언가 앞뒤가 맞지 않는다는 생각을 해보기도 한다.

가끔씩 남편과 툭 치고 농담도 주고받으며 일하는 여자는 싱싱하고 생명감이 넘쳤다. 그 아주머니의 말처럼 이런 일을 할 사람이 아니라면, 이 여자는 무슨 일을 해야 맞는 것일까.

이토록 경쟁이 심한 자본주의 사회에서 미모는 어떻게 소비되어야 하는 것일까. 확실치 않은 일에 운명을 걸고 연예계에 들어서거나 모델로 나서 자신의 미모를 돈과 명성으로 바꾸려고 애써야만 하는 것일까.

그러나 겉보기에 화려한 직업일수록 뒤에 숨어 있는 병든 이면이 한두 가지가 아니라는 사실은 우리가 이미 잘 알고 있다. 게다가 극소수의 사람들만이 그 자리로 올라가고 대부분의 사람들은 탈락하고 마는 것이 아닌가.

나는 괜히 걱정스러웠다. '사람들의 관심과 시선, 칭송과 동정 들이 그녀를 변하게 하지는 않을까.' 나는 튼튼하고 실한 해바라기처럼 환하고 부지런한 그녀가 키 크고 성실한 남편과 열심히 일하면서 세파에 시달리지 않고 잘 살아가기를 바라는 심정이었다.

소설처럼, 영화처럼 어디선가 유혹의 손길이 뻗치고 다른 트럭이 들어오게 되는 건 아닐까 은근히 신경이 쓰이기도 했다. 그렇지만 그녀는 일 년이 지나도록 남편과 트럭을 타고 우리 아파트 단지에 와서 싱싱한 야채를 싱싱한 모습으로 팔고 있다. 일주일에 두 번 트럭 장이 서는데, 나도 모르게 그 여자가 오는 날 장을 보는 습관이 생겼다.

건강하고 사이좋은 부부를 바라보면서 신선한 야채를 고르노라면, 산속의 맑은 공기를 호흡하듯 기분이 상쾌해지기 때문이다.

"어서 오세요. 오늘 아주 좋은 야채가 왔어요."

이리저리 바쁘게 움직이는 중에도 그녀는 나를 보며 활짝 웃는다. 그 두 사람이 언제나 지금처럼 서로 사랑하며 아름다운 조화를 이루어서 건강한 아내의 미모가 더 빛나는 것을 오랫동안 보고 싶다.

스트레스여, 안녕!

●●●

　2차대전 후 프랑스의 젊은 천재로 알려졌던 '프랑소와즈 사강'은 당대의 명작인 《슬픔이여, 안녕!》을 써서 세계적으로 문단을 휩쓸었다. 얼른 들으면 '슬픔이여, 이제 잘 가라'는 뜻으로 이해할 수 있는데, 그게 아니라 사실은 슬픔을 받아들이는 인사다. '어서 와, 슬픔이여' 혹은 '잘 있었니, 슬픔아.' 정도로 번역해볼 수도 있겠다.

　우리가 숨을 쉬며 살아 있다면 스트레스와 작별인사를 해볼 생각은 그만두는 것이 좋다. 스트레스를 받는 것이야말로 생생하게 살아 있다는 징표이기 때문이다.

　"야, 이거 정말 스트레스 받아 미치겠네."

　"제발 스트레스 좀 주지 마라. 그렇지 않아도 열 받아 죽겠는데……."

　젊은이들이 친구들과 대화할 때 쉽게 쓰는 말들이다.

　현대사회에서 스트레스라는 말처럼 쉽게 널리 쓰이는 말도 드물 것이다. 짜증 난다, 화가 난다, 어쩐지 기분이 언짢다는 말을 사람들은 스트레스 때문에 미치겠다, 열 받는다는 식으로 표현하기를 좋아

한다.

그렇지만 스트레스가 과연 무엇인가라는 질문에 대해 쨍 소리가 나게 명쾌한 대답을 하기는 좀 어렵다. 그저 대체로, 스트레스란 개인에 작용하는 외부적인 상황의 힘과 그것에 대한 반응이라는 정도로 이해되고 있다.

> 스트레스 그 자체는 인간이 생물체로서 살아가는 삶의 적응 과정에서 일어나는 것으로, 본질적으로 좋지도 나쁘지도 않은 생활의 일부분이다. 육신을 보호해야 하고 마음도 다스려야 하고 사회적인 의무도 수행해야 하는데, 이 모든 일이 스트레스 유발 요인이 될 수 있기 때문이다.

여행을 함께 가 보면 그 사람의 성격을 알 수 있다고 한다. 여행은 요즘처럼 신혼부부나 환갑부부를 싸안아 모시는 특수 관광이 아닌 경우에 여러 가지 어려움이나 불편함과 마주치는 일이기 때문이다.

이즈음에는 운전하는 것을 보면 그 사람의 성격을 알 수 있다고들 한다. 운전이란 예측할 수 없는 스트레스에 그대로 노출되는 작업이다. 차가 밀리는 상황에서 음악을 들으며 느긋이 기다리는 사람도 있고, 짜증을 참지 못해 동승자나 다른 차에 혼자 시비를 거는 사람도 있다.

"저 모자란 놈, 저렇게 천천히 가려면 고속도로에는 대체 왜 들어온 거야?"

"미친 놈 아니야? 어디서 추월을 하는 거야?"

자기보다 늦게 가는 사람은 모자란 사람이고, 자기보다 빨리 가는 사람은 미친 사람이라고 보는 운전자들도 있다. 자기 차만 유일무이하게 올바른 정신으로 앞으로 나가고 있다는 이야기다. 이런 생각을 지닌 사람들의 관점에서 보자면 내 차 앞으로 끼어드는 사람들은 전부 다 제정신이 나간 사람이고, 내가 차선을 바꾸려는데 안 비켜주는 사람은 모두 다 양심이 없는 사람인 셈이다.

"아니, 왜 이 길은 맨날 막히는 거야? 정부는 도대체 세금 받아서 어디 쓰는 거야?"

이런 청문회 수준의 질문을 하는 사람일수록, 세상이 말세가 되었고 우리나라 사람들의 민족성에 문제가 있다는 인류학적인 '학설'을 사적으로 발표하며 거품을 무는 경향이 있다.

이런 사람들을 보면, 스트레스에 대처하는 모습이 그대로 성격을 드러낸다는 말이 상당히 일리가 있다는 생각이 든다.

●

> 결혼하거나 이혼해서 인생에 재적응해야 할 때는 싫어도 어느 정도 스트레스를 감당해야만 한다. 살아 있는 한 팔자 도망 못한다는 옛말은, 살아 있는 한 스트레스 도망 못한다는 이야기와 일맥상통한다.

이처럼 완전 도피가 어렵다면, 한 많은 이 세상에서 어떤 종류의 스트레스를 얼마나 감당할 것인가를 자기 선에서 대충 결정해보는 수밖에 없다.

사람들은 스트레스라고 하면 일단 부정적인 것으로 보지만, 해로운 효과를 나타내는 역기능적 스트레스만 있는 것은 아니다. 고무적이고 유익한 효과를 주는 기능적 스트레스도 있다.

"놀아봤으면, 좀 놀아봤으면"

일에 치여서 이런 노래를 부르던 사람도 아무 변화 없이 편하게 놀기만 하다가는 권태에 몸부림치게 되어 있다. 스트레스가 너무 없으면 삶이 지겹고 무감각해진다. 사람들이 돈을 들여 번지 점프를 하고 롤러코스터를 타는 것도 단조로운 일상에 활기를 주는 고무적인 스트레스가 필요하기 때문이다.

그렇다고 "이렇게 사는 게 힘들어서야 어디 제명에 죽겠나." 하고 한탄할 지경으로 스트레스가 극심해지면, 먹고 자는 삶의 기초적인 일도 원활하지 않아 체력이 탈진되고 조기 노화가 일어난다.

지나친 스트레스가 어느 정도까지인가 규정을 짓기는 쉽지 않다. 과다하고 부정적인 스트레스는 개인에 따라 차이가 있기 때문에 삶을 잘 운영하기 위해서는 개개인의 스트레스 최적 수준을 발견할 필요가 있다.

예를 들어, 결혼식장의 신랑 신부는 행복의 극치에 서 있다고들 말하지만, 그 자리에 서서 스트레스의 극치를 맛보고 있을 가능성도 없지 않다.

주례 앞에 서서 손님들 음식은 모자라지 않을지, 주례는 왜 저렇게 중언부언하는 건지, 신혼여행 비행기를 놓치면 어떻게 할 것인지 등 말도 안 되는 엉뚱한 생각을 했다고 고백하는 신랑 신부들도 더

241

6. 즐거운 생활의 발견을 위한 검색

러 있다.

스트레스에 반응하는 과정에서 우리는 좌절과 갈등, 불안 등의 정서를 경험하게 된다. 외면적으로는 이 과정에 잘 적응하는 것처럼 보이더라도 그 영향 때문에 장기적으로 고통을 겪게 되는 경우도 있다.

그 기간이 길어지면 소화기 계통 질환이나 고혈압 같은 병에 걸릴 수도 있다. 극심하고 가혹한 스트레스를 계속해서 받으면, 육체의 적응 능력은 쇠잔해지고 여러 가지 문제를 유발할 수 있기 때문이다.

스트레스의 원인은 소음, 공해 같은 물리적인 환경이나 작업조건 같은 일터의 환경, 개인적 환경, 사회적 환경 등으로 나누어 볼 수 있다. 대체로 스트레스는 복합적으로 경험되지만, 심리적 스트레스는 강박감, 좌절, 갈등, 불안 등을 주요 유형으로 꼽는다.

사소한 스트레스에 대처할 때 사람들은 많이 먹거나, 사람들을 만나거나, 웃거나, 울거나, 욕을 퍼붓거나, 수다를 떨거나, 고함지르거나, 술을 마시는 등 아주 다양한 방법으로 반응한다. 이 대처 방법들이 적정 수준을 넘어설 때 또 다른 스트레스를 유발할 확률이 높다.

이럴 때 지나치게 감정적이 되어서는 안 된다. 여러 가지 생각을 잘 모아보면, 결혼생활에서 받는 과중한 스트레스를 극복하는 데 도움이 될 것이다. 곧 어떤 문제를 어느 선까지 해결할 수 있는지 차근차근 되짚어보면서, 작은 해결책들을 실행해보고 또 점검해보는 것이다.

피할 수 없을 바에야 스트레스와 오래된 친구처럼 다정하게 이야기를 나누며 인생의 길을 걸어가는 것도 좋지 않겠는가.
"스트레스여, 안녕!"
아침이면 프랑소와즈 사강처럼 이렇게 인사를 던져보면서 말이다.

가족의 웃음소리

남편이 어느 날 직장에서 아내에게 전화를 걸었다.
"오늘 저녁식사에 친구를 한 명 데려가려고 하는데……."
아내가 곧바로 소리를 질렀다.
"정신이 있어, 없어? 파출부는 가버렸고 아이는 감기 걸린데다가 나는 벌써 사흘째 두통이 말이 아닌 거 알잖아."
남편은 조용히 대답했다.
"알아. 그래서 친구를 집에 데려가려고 하는 거야. 이 바보가 글쎄, 결혼할 생각을 하고 있거든."

서구 사회에서는 결혼에 관한 농담이 많고, 배우자의 조건으로 가장 높이 꼽는 것 중의 하나가 유머 감각이다. 동물이나 나무들은 웃지 않아도 잘 산다. 결혼 같은 걸 하지 않고 즐겁게 지내기 때문이다.

많은 사람들이 결혼의 진실을 말하지 못하고 행복한 결혼으로 위장하느라고 정신이 없다. 극한 상황에 이르러서야, "사실은 제가요……." 하면서 털어놓기 시작한다. 결혼의 갈등은 얼마나 그 힘이 막강한지, 이런 사람에게 언제 큰소리로 웃어본 일이 있느냐고 물어보면, 대부분이 기억에 없다고 대답한다.

어떻게 웃지 않고 그 길고 재미없는 결혼생활을 이겨낼 수 있는가. "우리 두 사람은 아무리 어려울 때에도 언제나 서로 변함 없이 사랑하고 이해하고 감싸주며……."

이런 결혼수기를 읽을 때마다 인생의 지루한 권태를 그런 용어로 표현할 수 있다는 데 감탄을 금할 수가 없다. 그런 이야기는 결혼식 때 주례에게 한 번 듣는 것으로 충분하다. 사람들이 나이 들어갈수록 결혼식장에서 걸핏하면 눈물을 글썽거리는 이유가 다른 데 있는 것이 아니다. 그런 이야기들을 모두 믿었던 자신의 지난날이 하염없이 그립기 때문이다.

아침에 보고 점심에 보고 저녁에 본 사람을 그렇게 변함없이 매순간 사랑할 수 있다는 것은 거의 초능력에 가깝다. 이런 수기들 때문에 자신의 결혼생활에만 사랑이 없고 다른 사람들과 달리 큰 문제가 있다고 믿는 사람들의 고민이 더 커지는 것이다.

인도에서는 그저 모여서 뚜렷한 이슈도 없이 리더를 따라 정신없이 웃기만 해서 모든 것을 치료하는 '웃음' 학회가 있다고 한다. 미상불 이것도 아주 일리가 없는 일은 아니다.

우리가 큰 소리로 웃을 때 지루함이 깨어지고 삶의 환기가 일어나기 때문이다. 인생의 긴장을 뚫고 들어오는 상상하기 어려운 반전의 순간 우리는 유쾌하게 웃음을 터뜨리게 된다.

장수클럽의 회원인 할머니 한 분이 질문을 받았다.
"하느님이 할머니가 95세가 넘도록 장수를 누리게 하는 이유가 무엇이라고 생각하십니까?"
할머니는 즉시 대답했다.
"그야 물론 가족들의 인내심을 시험해보기 위해서지요."

이런 이야기를 들으면서 웃을 수 있는 사람이라면, 그런대로 노후 대책이 서 있다고 보아도 무리는 없을 것이다.

어떤 남편이 의사를 찾아가서 자신의 성생활을 향상시킬 수 있는지 물었다.
검진을 끝낸 의사는 건강은 양호한 편이라고 하면서, 하루에 10킬로씩 7일 동안 매일 걸으라고 조언을 했다.
일주일이 지난 후 그 남편이 전화를 걸었다.
"그렇게 했는데 더 나아진 게 없는데요?"
"그래, 부부간의 성생활이 향상된 게 전혀 없습니까?"
의사가 물었다.
"있을 리가 없지요."

남편은 대답했다.

"선생님이 시키신 대로 하루에 10킬로씩 걸어서 지금 집에서 딱 70킬로미터 떨어진 곳에 있거든요."

이 이야기는 논리적인 사고가 실제 삶에 도움이 되지 않는다는 것을 명쾌하게 보여주고 있다.

> 가정을 학회인 줄 아는지 무슨 일이 생길 때마다 논리와 비판으로 무장하고 나서는 부부들이 있다. 이 관계는 로마의 검투사들의 관계와 유사하다. 한쪽이 쓰러져야 전투가 끝나기 때문이다. 문제는 인생이 논리와 합리로만 지어진 집이 아니라는 데 있다.

부부가 결혼하면 한두 해 내에 대부분 아기를 낳던 패턴도 많이 바뀌었다. 이제 젊은이들은 꼭 아기를 낳아야 한다고 여기지 않는다. 하기야 자기 같은 존재를 또 만들어봐야 어디에 도움이 되는지 알 수 없다는 현명한 판단에 드디어 도달한 것인지도 모른다.

미국의 어느 잡지에 재미있는 기사가 실렸다. 그 기사는 아기가 생기면 잃게 되는 이 세상의 모든 행복에 대해 세세하게 열거해놓고 있다.

당신은 최신 드레스를 입을 수도 없고, 머리는 언제나 아기 때문에 헝클어져 있어 묶거나 삭발을 하는 수밖에 없다는 것이다. 음악회나 파티에 우아하게 나타나는 것은 다 종 친 일이고, 피땀 흘려 번 돈으로 휴가 가는 것은 상상할 수도 없고, 아이 옷에 병원비에 장난감에…… 말 그대로 장난이 아니라는 것이다. 방이란 방은 정돈된 상태로 존재하는 적이 없고, 손님을 초청하면 마지막 순간에 케이크에 손을 내밀어 떡을 만들어놓으며, 부부가 침실에서 무드를 잡으려는 순간 베개를 들고 와 침대 한가운데 자리를 차지하겠다고 울부짖는 불청객이 생긴다는 것이다.

잡지 한쪽에서는 그런 이야기들을 퍼붓지만, 다른 지면에서는 마음을 다해 사랑을 쏟을 귀여운 아기를 갖고 싶어 온갖 시술을 받고 인공수정에 시험관 아기까지 불사하는 부부들의 수기가 실린다. 이런 인생을 어찌 논리로만 설명할 수 있을 것인가. 그러니 잡지의 한쪽 기사에 섣불리 속아 넘어가면 안 된다.

마음이 한쪽으로 기울려고 할 때 얼른 그 반대되는 기사를 읽어 해독작용을 서둘러야 한다.

    어린아이가 엄마한테 물었다.
    "엄마, 우리가 먹는 음식은 하느님이 주시는 건가요?"
    "그렇단다."
    "크리스마스에는 산타 할아버지가 모든 선물을 가져다주시나요?"
    "그럼."
    "그리고 갓난 동생은 정말 다리 밑에서 주워 온 거고요?"
    "그럼, 그렇고말고……."

그러자 아이가 커다랗게 외쳤다.

"제기랄! 그렇다면 아빠는 왜 집 안에서 어슬렁거리는 거야?"

    가족이 서로 웃으며 이야기하는 광경은 보는 사람까지도 흐뭇하게 한다. 고달픈 세상에서 묻혀 온 온갖 스트레스를 털어내는 작업 중이라고 생각되기 때문이다.
    배우자가 웃지 않으면 누군가의 조언처럼 당신이 흰 이를 드러내고 먼저 웃어보는 것도 좋겠다. 처음에는 조금 어색할지 모르지만, 노력하는 가엾은 얼굴에 대고 배우자가 화를 내기는 실로 어려울 것이다.

유쾌한 상상

마흔두 살 난 아트디렉터가 쓴 흥미 있는 글을 책에서 읽었다. 다양한 분야에서 일하는 사람들이 지금부터 이십 년 후를 상상해서 쓴 글을 모은 책이었다.

그의 젊은 시절의 꿈은 오토바이 폭주족이 되는 것이었다고 한다. 꽈랑꽈랑 울리는 엔진 폭발음을 안고 새벽 3시의 도심 한복판을 목숨을 걸고 질주하는 그 통렬한 쾌감, 그는 꼭 그런 폭주족이 되고 싶었다고 한다. 그러나 경제형편과 부모님의 만류 때문에 간절했던 소망을 접었다.

지금부터 이십 년이 지나 환갑을 넘기면, 그가 그토록 원했던 오토바이, 그것도 최상급 오토바이인 할리데이비슨을 타고 도심을 누비고 다니는 것이 꿈이라고 그는 말한다. 백발이 성성한 머리를 꽁지머리로 묶고, 이마에 붉은 밴드를 두르고, 우르릉 꽈다당 폭발음을 내며 핸드폰 하나만 손에 쥐고 개인 퀵 서비스 사업을 벌이겠다는 것이다.

배달료는 기존의 가격보다 싸게 받고, 장미꽃 한 송이를 물건 받는 이에게 서비스로 선물하겠다는 것이 그의 그림이다. 장미꽃 한 송이를 들고 오토바이 배달 서비스를 하는 할아버지는 얼마나 멋지고도 터프해 보일까.

바로 이것이 그가 꿈꾸는 이십 년 후의 자신이었다.

평생의 꿈도 이루고, 남들에게 도움이 되는 일도 하고 게다가 돈까지 벌고…… 1석 3조라는 것이다.

이 글을 읽으면서 저절로 웃음이 나왔다.

정작 그 나이가 되면 오토바이는 고사하고 쑤시는 무릎 때문에 관절염 약이나 파스를 사러 동분서주하고 있을지도 모른다. 그렇다고 해서 현재 우리가 하는 유쾌한 상상을 알아서 막을 필요는 없지 않을까.

나는 우리가 살아가면서 유쾌한 상상하기를 그만두는 게 대개 몇 살 때쯤일까 생각해보았다. 그때가 결혼할 때라는 대답이 즉시 나온다면, 그 결혼은 지루하기 짝이 없으리라고 장담할 수 있다.

우리는 자녀가 몇 살까지 유쾌한 상상하는 것을 허용하는가라는 생각도 해보았다. 아마 사람에 따라 그 대답이 같지는 않을 것이다.

"엄마, 나는 백댄서가 될 거야. 그래서 저 예쁜 누나가 춤추고 노래할 때 그 뒤에서 배경을 끝내주게 꾸며줄 거야."

이런 이야기를 초등학생 아들이 할 때 부모들은 어떤 반응을 보일까.

"나는요. 공부 못하는 애들을 모아서 재미있는 봉숭아 학당을 만들 거예요. 개그 콘서트처럼요. 그리고 노는 거예요. 매일매일."

중학교 갓 들어간 아이가 이런 소리를 하고 있으면 부모의 간은 콩알만 해질 수밖에 없다. 이제부터 대학 입시라는 무서운 생존 게임이 시작되는 판에 이 무슨 귀신 잠옷 같은 소리란 말인가.

이럴 때 그래도 열린 부모라고 스스로 자처하는 사람은 한껏 너그러운 미소를 지으면서 이렇게 말할지도 모른다.

"그래. 좋은 생각이야. 그럴 수 있으면 얼마나 좋겠니. 그렇지만(어쨌든, 그런데, 기타 등등) 현실은 우리에게 말이야, 그런 걸 허용하지 않는단다. 왜냐하면……."

부모나 교사가 전가의 보도처럼 휘두르는 그 현실은 대체 누구의 현실일까.

결국 우리가 어른이 될 때라는 것은 현실에 덜미를 잡혀 터무니없는 유쾌한 상상을 그만두기 시작할 때가 아닐까 싶다. 어떤 이름을 붙이든지, 우리가 살면서 추구하는 것은 즐겁고 행복한 삶일 것이다.

한번 상상해보라.

어느 날 벨 소리가 나서 문을 열었더니, 백발 꽁지머리에 붉은 밴드를 두른 할아버지가 할리데이비슨을 탄 채 인사를 건네는 것이다.

그리고 누군가가 보낸 책 몇 권이나 멸치 액젓, 김구이 같은 것들과 함께 씩 웃으면서 붉은 장미 한 송이를 내민다면, 그날 하루가 온통 행복해지리라는 생각이 들지 않는가. 남편이나 아내가 그날따라 마음에 안 드는 소리를 했더라도 언짢은 기분이 다 훨훨 날아가버릴 것이다.

이런 장면과 부딪치면, 타고난 원칙주의자들은 대궐 안의 김 상궁처럼 '체통을 차리시오. 노인 양반.' 하는 소리가 저절로 나올지도 모른다.

하지만 나이와 상관없이 모든 사람의 마음속에 피터팬처럼 자라지 않는 즐거운 아이가 자리 잡고 있다는 점이 중요하다. 자기 안에는 이 아이가 없다고 주장하며 근엄을 떠는 사람은, '영구와 땡칠이'의 영구처럼 자기 머리를 덤불에 숨긴 채 '영구 없다'를 되풀이하는 셈이다.

맹자는 대인은 어린이이와 같다고 말했고, 예수도 어린아이와 같지 않은 사람은 천국에 들어가지 못한다고 말하지 않았던가.

텔레비전이나 신문에 나와서 근엄 무쌍한 표정을 짓는 사람들을 보고 우리가 거리감을 느끼는 것은, 그들이 자기 안의 어린아이가 밖으로 뛰쳐나올까 봐 안간힘을 다해 인상을 쓰고 있기 때문이다.

나이가 어리거나 많거나 간에 사랑에 빠진 사람들이 서로 바라보기만 해도 좋아서 웃는 이유도, 두 사람 다 상대방의 내면에 있는 어린아이까지 함께 받아들여 사랑하기 때문이다.

그런데 입시에 억눌린 우리나라 문화는 어른은 고사하고 아이들에게서까지 아이다운 점을 빼앗아 가려고 폭풍 같은 기세로 덤벼들고 있다.

제시간에 발딱 일어나 학교에 가고, 수업시간에 열심히 듣고, 방과 후에는 과외 학원에 정중하게 가고, 집에 돌아오면 단정한 자세로 복습에 들어가는 아이를 꿈속의 이상으로 삼고 있는 엄마를 보고 있으면 정말 딱한 생각이 든다.

삶을 기쁘고 즐겁게 받아들이는 비결 중 하나가 자기 속에 있는 어린아이와 남의 속에 있는 어린아이가 함께 놀게 하는 것이다. 결혼해서 즐겁게 살아가는 비결도 내 속의 아이와 배우자 속의 아이가 함께 놀 시간이 있는가에 달려 있다.

자, 이제 누가 문밖에서 벨을 울리면 기운차게 일어나서 활짝 문을 열어보는 것이 좋겠다.

어쩌면 할리데이비슨 오토바이를 탄 할아버지가 씩씩한 미소와 함께 당신에게 장미꽃 한 송이를 바치려고 기다리고 있을지도 모르니까.

헤어지자고 한 이유가 도대체 뭐야?

● ● ●

집으로 오는 길에 성산대교를 건너는 버스를 타고 있으면, 여기저기서 통화하는 소리들이 늘어난다. 대체로 이런 이야기들이다.

"여보, 난데. 지금 성산대교에서 막혀 있어. 곧 들어갈게."

성산대교가 출퇴근 시간에 막히는 건 이제 국민적 상식이 되어 있다. 그런데 그 사실을 구태여 아내에게 공손히 보고하는 이유는 내가 보기에는 단 한 가지다.

핸드폰이 거기 있기 때문이다.

산이 거기 있으니까 오른다는 어느 등반가의 이야기와 유사하다.

사무실이나 찻집에 마주 앉아 이야기를 나누는 중에도 상대방의 핸드폰은 울린다.

허물없는 사람하고 이야기를 하고 있는데, 십 분 동안 네 통의 전화가 걸려 왔다. 이 지경에 이르면 뭐하러 만나고 있는지 구분하기 어렵다.

"인기 있어 보이려고 핸드폰 거는 아르바이트 학생들 구하셨어요?"

유머 감각이 있는 상대방은 웃으면서 대꾸했다.

"글쎄, 그랬는데 이것들이 머리가 나빠 가지고 전화 거는 간격을 못 맞추네. 십 분에 한 번씩 걸라고 했는데 나, 참……."

그러고는 실토를 했다. 아주 중요한 전화를 기다리고 있는데, 그 전화 때문에 다른 전화를 안 받을 수가 없어서 그러니 양해해달라는 것이다.

양해를 하지 않은들 어쩔 것인가. 돌연히 일어나서 핸드폰을 뺏어 영화에 나오는 한 장면처럼 강물에 던져버릴 수 없다면, 무슨 일을 해도 소용없는 것이 아닌가.

아무튼 두 사람이 나누던 이야기는 중간에서 끊기고 만다. 여기에 치매 초기 증상까지 가세하면 전화 오기 전에 무슨 이야기를 하고 있었는지 갈피를 잡을 수 없다. 이렇게 되면 본의 아니게 언제 전화가 와도 일단락을 지을 수 있는 화제만 다루게 된다.

다른 후배와의 대화를 예로 들어보자.

"그동안 잘 지냈어?"

"네, 그런데 아무개가 이혼했어요."

"아무개가 누군데?"

삐리리리릭…… 전화가 온다. 대화. 전화를 끊는다.

"죄송해요. 그런데 우리가 무슨 이야기하고 있었지요?"

"누군가 이혼했다면서?"

"어마, 그런데 그게 누구더라? 아이, 아무러면 어때요. 이혼한 사람들이야 쌔고 쌨는데…… 우리 그중에서 하나 또 골라 이야기를 시작하지요."

삐리리리릭…… 전화가 온다. 대화. 전화를 끊는다.

"정말, 어떤 때는 인기도 부담스러워요. 그런데 우리가 무슨 이야기를 하고 있었지요?"

"이혼한 사람을 새로 고르자고 했지."

삐리리리릭…….

이렇게 되면 아무리 지친 머리라도 짜내어서 이 자리에서 일어설 이유를 찾지 않을 수가 없다. 그래도 헤어질 때의 대사가 압권이다.

"어머, 정말 즐거운 시간이었어요."

그랬을 것이다.

핸드폰을 가지고 다니지 않는 멍청한 고물 인간에게 마음껏 인기를 보여주었으니 말이다. 친절하게 무료로 조언도 아끼지 않는다.

"선생님도 꼭 핸드폰 가지고 다니세요. 급할 때 얼마나 편하다고요."

"그건 정말 그럴 것 같네." 하고 나는 대꾸한다.

왜 이 자리에서 일어서야 하는지 이유를 대려고 머리를 쥐어짜지 않고도, 상대방이 들을 수 없는 통화 내용을 핑계로 대면 편하기는 할 것 같다.

이제는 음악회나 영화관에서 주최 측이 아무리 읍소를 해도 여기저기서 핸드폰이 울린다. 더 감동적인 것은 전화 건 사람의 인격을 극도로 존중하는 나머지 그 전화를 받아 이야기를 하기 시작하는 장면이다.

화면에서는 "저는 진심으로 당신을 사랑하고 있어요." 이런 중차대한 대사가 흘러나오고 있는데, 옆자리의 핸드폰 대화와 뒤섞여 두 영화를 함께 보고 있는 셈이 되어버리는 것이다.

●

옆자리의 아가씨는 나름대로 예의를 지키는지 몸을 한껏 굽히고 속삭인다.
"왜 전화 걸고 야단이야. 우리 결혼하지 말고 그만 헤어지자고 했잖아."
침묵…… 그리고 이쪽의 대사…….
"먼저 헤어지자고 했던 건 너잖아. 그땐 이유가 뭐였어?"

나는 그만 참을 수가 없어서 전화 받는 아리따운 아가씨에게 말하고 싶어진다.
'여기서 핸드폰 받는 무신경을 보니까 그 이유는 내가 알겠는데요. 영화 끝나고 그 이유를 자세히 설명해드릴게 제발 핸드폰 좀 끄세요.'
아무튼 주위 사람의 눈총을 느꼈는지 아가씨는 교양 있게 마무리 대사를 해본다.
"됐어. 여기 지금 극장이야. 다른 사람들 생각도 해야지."
갸륵한 마음씨다. 그런데 그쪽이 끊지 않았나 보다.
핸드폰을 움켜쥔 불길한 침묵…….
아가씨가 입을 열려고 하는 순간, 그 다음 대사는 내게서 나간다.

이제야 말을 하는 이유는, 어느 집 거실에 걸린 가훈을 보고 좌우 명으로 삼은 말이 있기 때문이다. '삼사일언(三思一言)'이 그것이다. 세 번 생각하고 한 번 말하라. 이런 경우에는 한 번 말할 때까지 세 번 생각하느라고 죽을 지경이다.

"대사가 안 들리는데요."

아가씨는 나를 잠깐 노려보더니, 핸드폰을 움켜쥔 채 벌떡 일어서서 내 앞을 비집고 나간다. 온몸으로 '조용히 영화 보고 싶으면 집에서 비디오 보지, 왜 이런 데 오는 거야'라고 말하는 것 같다. 아무튼 그 점은 내 불찰인 게 틀림없다.

그런데 문제는 주인공 두 사람이 극적으로 포옹하는 장면을 이 아가씨가 가로막고 나가는 바람에 놓친 것이다. 할 수 없다. 나는 스스로 위로한다. 봐야 맛인가. 상상력은 두었다 뭐에 쓰나. 이럴 때 쓰지.

이제 많은 사람들이 곁에 있는 사람에게는 별 관심이 없고 멀리 있는 사람과 핸드폰을 통해 가까워지는 데만 관심이 있는 것 같기도 하다.

나는 장담할 수 있다. 저 아가씨가 남자친구하고 결혼에 관해 의논하고 있을 때, 계속 울리는 핸드폰 받느라고 정신이 나가 있어서 헤어졌던 것이라고……

이야기 잘 들어주는 오 마담

결혼생활의 갈등을 호소하는 사람들 중에 대화를 제대로 나누는 부부는 별로 많지 않다.

결혼 초기에 이런저런 이야기를 꺼냈다가 공격을 받거나 무시를 당하게 되면 신혼 초부터 말이 점점 줄어든다. 아니면 부부 중 한쪽만 말이 많아지고 다른 한쪽은 침묵으로 일관하는 기현상이 벌어지기도 한다. 세칭 잔소리가 시작되는 것이다. 가정이 대학 강의실도 아니고 수업료를 따로 올려바친 것도 아닌데, 한 사람은 강의를 하고 다른 사람은 듣기만 하는 것은 좀 모순이라고 하지 않을 수 없다.

이제 사람들은 마음을 털어놓는 정다운 말을 그치고, 텔레비전이나 문자 메시지가 그 말을 대신해주고 있다.

젊은이들의 언어에 이르면 더 말할 여지가 없다.

"필이 팍 꽂혔다." "오늘은 내가 쏠게." "죽여준다." 이렇게 소리 높여 말하는 것을 듣고 있노라면, 화살이나 총기를 다룰

때 쓰던 말들을 감정이나 생각의 표현에 그대로 쓰고 있구나 싶다. 젊은이들이 왁자지껄하게 모여 흥겹게 이야기할 때 보면, 무술 시험장에 모인 고구려 무사나 신라의 화랑들처럼 보이기도 한다. 무술에서 쓰던 공격적인 언어를 감정의 전달에 쓰고 있기 때문이다.

젊은 후배 작가 한 사람은 내게 가끔 재미있는 이메일을 보낸다.

"안냐세요?"

안녕하세요인데, 나는 처음에 "안사세요?"인 줄 알았다.

바로 조금 전에 모처에 싸게 난 땅을, 사모님, 지금 구입하시면 평생 후회하시지 않는다는 아까운(?) 전화를 받고 겨우 끊어버린 다음이라 그렇게 보였는지도 모른다.

"저 겸둥이에요."

나는 이것도 처음에는 검둥이라는 줄 알았다. 어쨌든 이것은 귀염둥이의 준말이라고 한다.

그런 언어들을 주고받는 것을 개탄해야 하는 것이 글 쓰는 사람의 입장일 텐데도, 그 말투가 너무 귀여워서 "슨생님, 안냐세요(선생님, 안녕하세요)." 이런 이메일을 받으면 저절로 흐뭇한 웃음부터 떠오른다.

전에는 부모와 자녀 간에도 대체로 이야기들이 길었다.

"그렇게 하면 못쓴다. 인간의 도리란 그런 게 아니야. 사람이란 남의 입장도 헤아려야지."

"저도 정말 그러려고 노력은 하고 있어요. 그렇지만 워낙 자기 말만 말이라니까 저절로 그렇게 되는 걸 어떻게 해요."

그러나 이런 이야기를 유유자적하게 하고 있을 시간이 없다. 첫 문장이 끝날 즈음에 자녀는 이미 문밖으로 사라져버리기 때문이다.

무엇 때문인지 모르지만 모두들 바빠서 대화는 축소의 극을 달리게 된다.

"풀어놔."

"싫어."

문제지를 풀어놓으라는 어머니의 명령도, 그렇게 하고 싶지 않다는 아이의 대답도 짧다.

"왜 그래?"

"몰라."

애인들도 화끈하다.

"왜 좋아?"

"그냥."

저 달이 이렇게 내 마음처럼 밝고, 저 별들은 우리의 사랑처럼 영원할 것이고, 나 보기가 역겨워 가실 때에는…….

이런 대화는 개그 프로에서나 나온다. 너무 '웃기기' 때문이다.

"캡빵이야."

"맛이 갔군."

이런 정도의 스피드가 애인들에게 필요한 것이다. 그런 스피드로 절약한 시간은 주로 상대방을 만지는 데 쓰는 것 같다. 전철에서도 길에서도 패스트푸드점에서도 젊은이들의 육체 표현력은 자칫 아찔할 지경이다.

텔레비전을 보고 있으면 시청자들을 다 저능아로 아는 건지, 아니면 이런 경우에는 이렇게 문장을 만들 수 있다는 것을 연습해보라는 것인지, 화면에 나타난 출연자의 움직임에 대해 일일이 토를 달고 멘트가 떠오른다.

"어쩐지 멋쩍은 표정을 짓고 있는 누구누구…… 무안한지 슬슬한 걸음씩 움직이고 있습니다."

"자신만만해 보이는 아무개. 코를 벌름거리고 있습니다."

나는 이렇게까지 시청자에게 친절한 방송국을 일찍이 본 적이 없다. 그 사람의 동작을 보고 어떻게 느끼고 해석해야 하는지까지 다 알려준다. 어느 날 방송국에 그 친절함에 대해 불현듯 감사장이라도 띄우고 싶어지는 심정이다. 그저 감사의 편지 끝에 한마디를 덧붙이고 싶기는 하다.

"추신: 그런데 그곳 사장님이 이게 라디오가 아니라 텔레비전이라는 걸 잊으신 긴 아닌지 한번 질문을 올려주시면 무쌍의 영광으로 여기겠나이다."

이렇게 진정한 대화는 사라져가는데, 사람들의 마음은 흐르는 시냇물과 같아서 어디론가 흘러가기는 해야 하는 게 문제다. 자기 마음을 집에 와서도 털어놓을 수가 없으면, 그 마음을 털어놓을 수 있는 곳으로 발걸음이 향하는 것은 매우 자명한 이치다.

무슨 이야기를 해도 아내의 거부나 무시, 공격이 뒤따르면 남편도 단념하고 마침내 '털어놔요' 룸살롱의 오 마담에게 가서 비싼 술을 사 마시면서 털어놓기 시작하는 것이다.

"마담, 사실 난 외로운 놈이야. 내가 어렸을 때 말이야. 이런 일이 있었거든. 새 운동화가 그렇게 갖고 싶었는데 말이야……"

오 마담은 절대 야단치거나 이야기를 막지 않고 잘도 들어준다.

"그거야 장사하느라고 들어주는 거지, 진정한 대화가 아닌데 뭐. 속는 남자들이 어리석지."

이렇게 아내가 이야기한다면 커다란 오산이다. 당신 같으면 술도 주고 위로도 주는 곳으로 가겠는가, 아니면 잔소리와 힐난만 하는 곳으로 가겠는가.

이즈음 가장 성업 중이기도 하고, 앞으로도 유망한 직종으로 알려진 것들 중 하나가 다른 사람의 이야기를 들어주는 정신과 의사나 상담자들이다. 이제 바야흐로 돈 내고 이야기하는 시대로 접어들고 있다.

그러니 남편이 오 마담에게 가서 중얼거리는 것은 별로 나쁘지 않은 일일지도 모른다. 어쨌든 술이라도 서비스로 따라 나오지 않는가.

아무 대접도 받지 못하고 힘들게 이야기한 다음에 돈까지 내고 나와야 하는 상담실이나 치료실보다 상당히 나은 시스템이라고 볼 수도 있다. 하기야 아내가 그 돈이 너무 아까워서 남편의 이야기를 잘 들어주기 시작한다면 그야말로 금상첨화일 것이다. 아내가 상담자에게 내는 돈이 아까워서 남편이 아내의 말을 들어주기로 한다면 그것 또한 나쁘지 않다.

"쓸데없는 이야기 그만하고……."
"왜 그렇게 이야기가 조리가 없어……."
"당신은 어째 매사를 부정적으로만 봐."

이런 식의 말만 나오면, 당신의 배우자는 돈 내고 말하러 어느 곳으론가 달려가게 될 공산이 크다.

대화는 단절되고 자기 마음을 표현하는 능력은 날로 떨어져가는 것이 작금의 세태인 것은 사실이다. 그렇지만 부부가 대화를 나누려고 조금씩 노력한다면, 마음이 아주 사막화하는 것은 어느 정도 막아볼 수 있으리라는 생각이 든다.

성교육은 몇 살까지?

미국에 처음 갔을 때 가발가게에서 일한 적이 있다.

고객은 거의 흑인 여성들이었다.

역사적으로 사람들은 힘 있고 재력 있는 이들의 생김새를 모방해 보려고 기를 쓰는 성향이 있다. 예전에 귀족계급이 자기들의 의복이나 주거문화를 하층계급이 따라오지 못하도록 갖은 장치를 한 것은 다 이유가 있다. 그러니 흑인들이 백인처럼 보이고 싶어 하는 열망 때문에 생머리, 금발머리, 갈색머리 등의 가발을 사고 싶은 유혹에 시달리는 것도 무리는 아니다.

가발가게의 고객들 중 상당수가 자녀 있는 미혼여성에게 지급하는 복지금에 의존해서 살고 있는 사람들이었다. 그들이 복지금을 받는 날은 그야말로 가발가게가 대목을 보는 장날이었다. 엄마가 예쁘게 보여야 아기의 정서도 순화된다는 갸륵한 의도가 숨어 있는지는 모르겠지만, 왜 중산층들이 사회복지기금이 이렇게 남용되고 있는 것에 대해 분노를 표시하곤 하는지 이해가 가기도 했다.

10대의 임신한 딸과 함께 가발을 사러 온 어머니는 시종 콧노래를 부르면서 긴 가발, 검은 가발, 웨이브 진 금발 등 다양한 가발을 뒤집어써 보고 거울을 보면서 보통 흥이 나 있는 것이 아니었다. 딸애는 열여덟 살을 넘지 않아 보였다.

부른 배를 거북하게 추스르며 금색 가발을 쓰고 황홀하게 거울을 보고 있는 소녀에게 언제 낳느냐고 물었더니, 다음 달이라고 자랑스럽게 대답했다. 내가 좀 머뭇거리다가 결혼했느냐고 묻자, 딸애는 깔깔 웃으면서 천만의 말씀이라고 대답했다.

그러자 곁에 서 있던 어머니가 다른 가발을 뒤집어쓰면서 유쾌한 어조로 대답했다.

"결혼 같은 걸 뭐하러 해요."

나는 아이 아버지가 결혼하고 싶어 하지 않느냐고 물었다.

"결혼하고 싶어 하지. 그 모자란 녀석은 무슨 수나 난 줄 알고 지금도 집인에 드나들이요. 그렇지만 골이 비었나. 그런 거하고 결혼을 하게······."

아기를 낳으면 그럼 누가 기르고 돌보느냐고 묻자, 어머니는 기세 좋게 대답했다.

"아기는 내가 돌보면 돼. 그리고 양육비는 복지기금이 나오는데 어때. 말도 안 되는 촐랑이하고 고생만 죽도록 하고 사는 것보다 백 배 낫지."

거의 삼십 년 전의 일이라 이런 대화는 내게 심각한 문화 충격의 경험이었다.

"그렇지만 아기가 바라는 건······."

내가 말을 이으려고 하자, 그 여자는 박장대소하며 귀여운 오리엔탈 걸(그 여자의 표현이었다)의 볼을 꼬집었다.

"당신네 나라에서는 어떤지 모르지만 여기는 자유세계라고. 복지국가이고⋯ 먹고살 수 있다면 깐놈의 결혼을 대체 뭣 때문에 하겠냐고⋯⋯."

이들이 말하는 복지기금은 원래 아이들의 모성 결핍을 우려해서 어머니가 일하지 않아도 아이가 취학연령이 될 때까지 함께 집에 머무를 수 있도록 주어지는 기금이었다.

그렇지만 엄격한 조건이 있어 기혼자인 경우에는 남편이 완전 무능력자임을 입증하지 않는 한 그 돈을 받지 못하였다. 그런 이유로 결혼하지 않고 동거하면서 생기는 대로 아이를 낳는 층이 나타나게 된 것이다.

"우리가 그따위 인간을 먹여 살리려고 이렇게 허리가 휘게 세금을 내는가."

조세 저항이 나타났던 디트로이트에서 시위자들이 들고 있었던 피켓의 내용이다.

정부도 입장이 있다.

"그런 면도 있을지 모르지만, 우리는 그 사람들의 도덕성을 심판하는 것이 아니라 태어난 아기를 돕기 위해서 그렇게 하는 것이다."

이에 대한 반론도 만만치 않다.

"그게 바로 문제인 것이다. 그런 제도가 있으니까 그렇게 마음 놓고 아이를 낳는 게 아니냐. 아기를 낳으면 어떻게 되는지 본때를 보여주라. 굶주리고 거리를 헤매게 되면 다시 그런 짓을 되풀이하지 않을 것이 아니냐."

"그렇지만 태어난 아기를 그런 식으로라도 돌보지 않으면 길거리에 버려진다. 그렇게 되면 정부가 모든 책임을 져야 할 뿐 아니라 사회문제를 일으키는 사람으로 자랄 가능성이 매우 높다."

"이런 철없는 어머니 밑에서 자라면 그 애가 좀 더 나은 사람으로 자랄 수 있을 것 같으냐."

선거철이 다가오면 이런 논쟁은 더 격화되고 시끄러워진다.

중산층은 과도한 복지세 부담에 진절머리를 내고 있고 복지 수혜자들은 풍요함과 자유의 그늘에서 쓰레기통만 뒤지고 있다고 생각해 불만에 차 있기 때문이다.

10대 임신에 관한 한 우리나라 경우도 세계 조류에서 예외가 아니다. 다른 점이 있다면 임신중절이 법적으로는 금지되어 있으면서 실질적으로는 너무 쉽다는 점뿐이다.

10대 임신이 증가하면 필연적으로 신체적·심리적인 후유증이 뒤따르고, 사회적으로도 해결하기 어려운 각종 문제가 떠오르게 된다. 우리나라에서 임신중절을 미처 하지 못한 10대들은 몰래 아이를 낳아 해외 입양을 보내버리는 경우도 있다.

성이 자유스러워지거나 성이 문란해진 탓이라고 피상적으로만 보기도 어렵다. 영양과 환경의 변화 등으로 아이들이 훨씬 더 조숙해진 것도 한 가지 이유라고 볼 수 있다.

부모에게는 자기 딸이 아직 어려서 귀여운 인형하고나 놀아야 좋을 것처럼 보일지 모르지만, 천만의 말씀이다. 자기들 기준으로는 알 것은 다 안다고 주장하는 10대가 늘어나고 있는 것이다. 문제는 그 지식이, 인생이란 긴 여정에서 볼 때 제대로 된 이정표가 아니라 과대 포장되거나 왜곡되어 있는 품질이 불량한 지식이라는 점이다.

●

> 성교육을 곧 순결교육과 동일시하던 우리나라에서도 발등에 불이 떨어졌다. 이제 미국 같은 나라에서는 돈 많고 재능 있고 자아가 당당한 여성들은 미혼모가 되고도 잘 살아가고 있다. 조디 포스터 같은 여배우는 아버지가 누군지조차 밝히지 않아 온갖 루머의 대상이 되면서도 두 아이를 낳아 씩씩하게 잘만 기르고 있다.

문제는 아무리 시류가 바뀌었다고는 하지만 생리적으로나 심리적으로나 사회적으로 전혀 준비되지 않은 어린 나이에 부모가 되는 막중한 부담을 지게 되는 데 있다. 강제로 아기의 생리적인 아버지와 결혼을 시킨다고 해결될 문제도 아니다.

외국에서는 피임에 중점을 두고 구체적인 성교육 프로그램들을 앞을 다투어 개발해내고 있는 실정인데, 우리나라에서는 성교육의 원전이 그 두께가 가히 백과사전에 육박하는 여성잡지들로만 이루어져 있다고 보아도 과언이 아니다.

신문에 실린 여성잡지 광고에서 기사의 목차만 보아도 숨이 차다. '남성을 사로잡는 성 테크닉 비결', '침실을 즐겁게 하는 열두 가지 방법', '성생활에 필수적인 가이드 일곱 가지' 등의 기사로 뒤덮여 있다.

무슨 일이든지 아무것도 모르는 경우에 오히려 제대로 배울 수 있다는 것은, 피아노나 발레 교습을 보아도 알 수 있다.

예를 들어, 내가 어떤 집을 찾고 있을 때 그 집이 어디 있는지 전혀 모르면 열심히 정보를 찾게 되어 있다. 그렇지만 내가 그 집이 어디 있는지 대강 알고 있다고 생각하면 별로 정보를 수집하지 않고 출발하게 된다. 만약 내가 그 장소를 잘못 알고 있었다면, 어디서 얼마나 헤매야 하는지 아무도 모르는 지경에 이르는 것이다.

이즈음의 10대들은 성문제에 관해 불충분하게 알고 있거나 왜곡되게 알고 있으면서 모든 것을 다 알고 있다고 생각하는 위험 상태에 놓여 있다. 이제 초등학생들도 다리 밑에서 아이를 주워 온다는 이야기를 믿지 않는다. 오히려 아이들이 모여 앉아,

"아닌 게 아니라 다리 밑은 다리 밑이다. 그지?"
하며 낄낄대는 지경이다.

일그러진 성 지식은 결혼한 상태에 이르러서까지 깊은 후유증을 남긴다. 무지한 성 지식은 과거의 이성 관계에서부터 현재 부부 사이의 성문제까지 일파만파의 후유증을 낳고 있기 때문이다.

내 사랑은 당신뿐이야

장미라는 꽃 이름은 듣기만 해도 낭만적인 느낌이 든다. 톱스타가 나왔던 유명한 광고가 있다.

"장미 백 송이 주세요."
남자의 말에 붉은 장미꽃을 고르던 꽃집 여주인이 혼잣말을 한다.
"누군지 받는 사람은 좋겠다……."
그때 남자가 부드럽게 말한다.
"받아주실 거지요?"
여자는 놀라 남자를 바라본다. 그 표정이 당황과 놀라움에서 기쁨의 홍조로 서서히 바뀐다.

이즈음 청소년들은 낭만이라는 것을 '근지러워서' 받아들이기 힘들어한다. 그래서 이 광고를 이렇게 패러디했다. 여자가 누군지 받는 사람은 좋겠다고 말한 다음, 남자가 말하는 것이다.
"깎아주실 거지요?"

아무튼 이 백 송이 장미 때문에 가정이 파탄 날 뻔한 남자가 있다.

사람들은 누구나 가끔 나이나 신분이나 위치에 어울리지 않는 일을 해보고 싶을 때가 있다. 그런 어린아이 같은 자신을 절제하고 나무라고 어른스러운 자세를 유지하는 것도 나쁠 것은 없다. 그렇지만 그런 인생이 즐겁고 재미있기는 어렵다.

아무튼 이 남자는 옛날 첫사랑의 여자가 결혼하고 직장에 다니는 것을 우연히 알게 되었다. 물론 사춘기 정서인 풋사랑의 감정이었지만, 그 푸르던 날 황홀한 첫사랑의 느낌이 아직도 기억에 남아 있었던 것이다. 자기 인생에서 가장 행복했던 기억은 그 시절에 그녀를 만나러 호젓한 덕수궁 돌담길을 걸어 올라가던 것이라고 했다.

어느 날 문득 추억의 그 길을 혼자 걸어가다가 자신의 삶에서 사라진 부분에 헌화를 하고 싶어졌다. 그리고는 그 여자가 근무하는 여행사에 장미꽃 백 송이를 보냈다.

자기 말로는 아무 다른 뜻도 없었다는 것이다. 아닌 게 아니라 그랬을지도 모른다. 이 남자는 그저 사라져버린 자신의 청춘에 헌화한 것일 수도 있다.

그렇지만 이 남자는 중요한 점을 잊어버렸던 것이다.

외국에서 중요한 국빈이 방문하면 으레 행하는 일정 중 하나가 역사적인 묘소나 기념비적인 장소에 의장대까지 대동하고 헌화를 하는 것이다. 아름다운 귀부인에게 꽃을 꺾어 바친 노인의 헌화가 지금

273

6. 즐거운 생활의 발견을 위한 검색

도 전해 내려오지 않는가. 누구에게 꽃을 준다는 것은 마음을 전하는 것과 깊은 관계가 있다.

거기까지도 괜찮았다. 지나가면 그만이었을지도 모르는 일이었는데, 이 남자가 거래처와 근무하던 습관이 남아 있어서 꽃집에서 받은 영수증을 주머니에 보관했던 게 화근이었다.

아내가 옷을 빨려고 주머니를 비우다가 이 영수증을 발견했다. 처음에 아내는 이 꽃을 자기에게 보내려고 한 것인 줄 알고 기대에 차서 며칠을 기다렸다. 미리 꽃집에 이야기를 해놓을 수도 있겠다 싶어서였다. 그러나 꽃은 오지 않고 의문과 절망만 찾아왔다.

아내는 남자를 다그치고 남자는 당황해서 대답을 제대로 하지 못했다. 얼떨결에 화를 내면서 한다는 소리가 "왜 남의 주머니는 뒤지고 야단이야"였다.

닦달에 견디다 못한 남편은 마침내 실토를 했고, 정말 아무 일도 아닌 장난 같은 일이었다고 누누이 설명했다. 그렇지만 아내는 울고불고 난리가 나고 자기가 열심히 살아온 인생은 전부 다 무의미한 것이었다고 선언하고서 친정으로 가버렸다.

남자는 어이가 없었다. 어떻게 다 큰 어른이 그런 것쯤 이해를 못 할까. 무슨 일이 있었던 것도 아니고 지금 만나거나 사귀는 것도 아니지 않느냐. 그저 장난 같은 것이었는데 그게 뭐 그렇게 울고불고 인생의 절망을 이야기할 일이냐는 것이다.

이제 뭐라고 설득을 해도 아내는 듣지 않고 깊은 우울증에 빠져 그만 헤어지자고 했다. 자기는 아이 기르고 살림하며 시댁식구에게 있는 정성을 다해왔고, 당신도 그런 나를 고마워하고 아껴주는 줄 알고 살아왔는데 그게 아니었다. 나는 당신이라는 남자에게 그저 필요한 도구였을 뿐이지 애정의 대상도 존경의 대상도 아니었다는 것을 더 늦기 전에 확실히 깨닫게 해주어서 오히려 고맙다고 하더라는 것이다.

다른 별에서 온 남자와 여자라는 두 인종의 역사……

남자는 이 여자가 성격 문제가 있는 것이 아닌가, 어떻게 그만한 일로 아이들 둘을 다 놓아두고 친정에 가서 돌아오지 않을 수가 있는가 물었다.

"나는 당신에게 장미 한 송이도 받아보지 못했는데, 다른 여자에게는 백 송이를 보냈다."

차라리 다른 여자하고 자기는 했지만 아무 추억이나 잔여 감정이 없는 것이 훨씬 더 나으니까, 다른 이야기는 하지도 말라고 못을 박는다고 했다.

남편은 참다 참다 못해 화가 나기 시작하는 중이었고, 아내는 막무가내로 돌아오기를 거부하고 있는 상태였다. 남편은 정말 중요한 것은 자기가 아내를 진심으로 사랑하고 있는 것이라고 했다. 그렇게 이야기해도 이제 그런 거짓말은 더 이상 듣고 싶지 않다고 우기는데, 설득이 안 된다는 것이다.

갈등이 일어난 다른 부부의 경우, 남편이 인간도 아니라서 환멸을 느꼈다고 하는 아내의 진술은 이렇다. 자동차 접촉사고가 나서 남편에게 전화를 했더니 첫마디가,

"차가 얼마나 부서졌어?"였다는 것이다.

자기가 인간이라면 적어도,

"얼마나 놀랬어. 다친 데 없어?"

이렇게 물어야 하는데, 얼마나 비인간적이면 아내의 안부는 묻지 않고 차의 안부만 묻느냐는 것이다. 아내가 남편의 대사가 이러저러해야만 한다고 미리 결정하고 있어서 더 화가 난 경우이다. 그렇지만 인간은 남의 머릿속에 써놓은 대사를 외우는 연극을 하려고 이 세상에 태어난 것이 아니다. 모든 인간의 특권은 곧 죽어도 자기가 써놓은 대사를 외우다가 세상을 하직한다는 점이다.

이 경우에 남편의 이야기는 아내와 아주 다르다.

"나, 이거 답답해서, 아니 자기가 멀쩡하니까 전화했을 거 아닙니까? 그리고 나한테 전화했을 때는 해결해달라고 전화한 건데, 상황을 알아야 해결을 할 거 아닙니까. 이건 영안실에서 아내가 죽었다고 전화 왔는데 차 어떻게 됐느냐고 물은 것처럼 나를 몰아붙이고 죽일 놈 취급을 하니, 원……."

이렇게 되면 정말 다른 별에서 온 남자와 여자라는 두 인종의 역사가 다시 쓰이지 않을 수 없는 지경이다.

이럴 때 남편이 아내의 존중과 사랑을 받으려면, 두 가지 대사가 있으면 도움이 된다. 그런 전화를 받았을 때 우선 "다친 데 없어?"라고 황급히 묻는 것이다. 너무 놀라 말을 더듬으면 더욱 도움이 된다. 그리고 다행히 다친 데는 없다고 하면 이렇게 말하는 것이다.

"그럼 됐어. 당신만 괜찮다면 그놈의 차는 아주 없어져도 좋아."

인생의 좋은 측면은, 이렇게 말한다고 해서 그 차가 삐쳐 가지고 아내처럼 어디론가 없어지는 것도 아니라는 점이다. 이렇게 말하면

차는 차대로 그냥 있으면서 아내에게서는 최소한 십 년은 사랑받을 근거가 마련될 수 있다.

아내는 남편에게 유일한 여성으로 사랑받고 싶은 갈망 때문에 조그만 일에도 심하게 흔들리는 경우가 있다. 이럴 때 아내가 너무 감정적으로 대처하는 것처럼 보일 수도 있지만, 감정적인 대처를 하는 사람이면 감정적인 접근으로 풀어질 가능성도 높은 것이다.

오늘 당장 아내의 친정으로 이백 송이의 장미를 보내는 것은 어떨까.
"내 사랑은 당신뿐이야."
이렇게 쓴 카드를 넣어서 말이다.

"그런 것은 싫다. 버릇된다. 정정당당히게 옳고 그른 것을 밝히고 논리로 승부하겠다."

남편이 그렇게 나온다면 더 할 말은 없다. 그저 의문이 드는 것은 논리적인 남자들이 이토록 많은데, 왜 우리나라가 이렇게 말도 안 되는 일들에 휩싸여 벌벌 기고 있는가 하는 점뿐이다.

혹은 그렇게 하고 싶어도 아내가 더 화를 내면 어쩔까 싶어 두려운 경우도 있을 수 있다. 그럴 수도 있다. 인간관계에서 일어날 가능성이 완전히 배제된 일은 없기 때문이다.

그렇지만 어쩌겠는가. 인간인 우리가 해볼 수 있는 일은 작은 시도밖에 없고, 결과는 신에게 맡기는 도리밖에 없는 것이다.

또 누가 알겠는가.

아내가 나중에 어느 영화의 한 장면처럼 인생에서 가장 행복했던 순간은 남편에게 "내 사랑은 당신뿐이야"라는 카드와 이백 송이의 장미를 받았을 때라고 말하게 될지…….

엄유진

이화여대 정보 디자인과 학부와 대학원을 졸업하고, 영국 킹스턴 대학교에서 일러스트레이션 석사학위를 받았다.
작품으로는 영국 Caterpillar에서 출간한 그림 동화책 《Peepo Fairies》, 《Sammy Snail》 등이 있으며, 《숲으로 가는 사람들》, 《행복한 철학자》, 《사랑활용법》, 《사랑의 선택》, 《행복의 선택》의 그림 등이 있다. 현재 북 디자이너와 일러스트레이터로 활동하고 있다.

결혼에 관한 가장 솔직한 검색

1판 1쇄 찍은날 2011년 7월 20일
1판 1쇄 펴낸날 2011년 7월 25일

지은이 | 우애령
펴낸이 | 조현주
펴낸곳 | 도서출판 하늘재

표지 디자인 | 엄유진
본문 디자인 | 김경수

등록 | 1999년 2월 5일 제20-140호
주소 | 서울시 마포구 망원1동 384-15 301호
전화 | (02)324-2864
팩스 | (02)325-2864

이메일 | haneuljae@hanmail.net
ISBN 978-89-90229-31-1 03810

값 | 12,000원
ⓒ 2011, 우애령

※ 잘못된 책은 바꿔드립니다.
※ 이 책은 저작권법에 의하여 보호를 받는 저작물이므로 무단 전재와 복제를 금합니다.